공허함을
채우시는
하나님

God Does His Best Work with Empty
by Nancy Guthrie

Originally published in English in the U.S.A. under the title:
God Does His Best Work with Empty, by Nancy Guthrie
Copyright ⓒ 2020 by Nancy Guthrie

Korean edition ⓒ 2023 by Word of Life Press, Korea
with permission of Tyndale House Publishers.
All rights reserved.

공허함을 채우시는 하나님

ⓒ 생명의말씀사 2023

2023년 9월 22일 1판 1쇄 발행

펴낸이 ㅣ 김창영
펴낸곳 ㅣ 생명의말씀사

등록 ㅣ 1962. 1. 10. No.300-1962-1
주소 ㅣ 서울시 종로구 경희궁1길 6 (03176)
전화 ㅣ 02)738-6555(본사)·02)3159-7979(영업)
팩스 ㅣ 02)739-3824(본사)·080-022-8585(영업)

기획편집 ㅣ 정설아
디자인 ㅣ 조현진
인쇄 ㅣ 영진문원
제본 ㅣ 다온바인텍

ISBN 978-89-04-16846-0 (03230)

저작권자의 허락 없이 이 책의 일부 또는 전체를
무단 복제, 전재, 발췌하면 저작권법에 의해 처벌을 받습니다.

God Does His Best Work with Empty

낸시 거스리 지음
이지혜 옮김

외로움, 갈망, 상실, 두려움….
하나님은 그분만이 주실 수 있는 은혜로
우리의 텅 빈 삶을 채우신다!

공허함을 채우시는 하나님

생명의말씀사

[추천의 글]

꼭 읽어야 할 책이다. 당신 주변의 많은 사람이 굉장히 슬퍼하면서도 어떻게 공허함을 채워야 할지 갈피를 잡지 못하고 있다. 경고: 지극히 개인적인 이 문제는 아주 민감한 영역을 다루고 있다(우리 중 누가 상실로 괴로워하는 이들을 돕는 전문가라고 할 수 있을까?). 하지만 좌절은 금물이다. 우리에게는 낸시 거스리가 건네는 노련하고 숙련된 안내서가 있다. 저자는 쓰디쓴 상실의 경험을 통해 지혜롭고 훌륭하며 **진정성 있는** 상담가가 되었다. 이 책에서 내 소중한 친구는 성경에 기초하고 긍휼함이 넘치는 검증된 통찰을 나누어 준다. 무엇보다도 저자는 예수님을 잘 알고, 상처받은 사람들에게 그분의 길을 친절하게 안내하는 법을 알고 있다. 그러니 이 책을 읽으라. 그리고 그 지혜를 힘입어 상처받은 세상으로 나아가라. 그리스도만이 공허한 이들을 채워 주실 수 있다.

조니 에릭슨 타다(Joni Eareckson Tada), 조니와 친구들 국제장애인센터 설립자

저자의 글은 우리 얼굴을 부드럽게 감싸 안은 손과 공감하는 눈의 익숙한 조합 같아서, 우리 시선을 붙들고 변함없는 진실을 일깨워 준다. 저자의 말은 우리의 아픔을 알아주고, 우리 시선을 들어 십자가와 그 십자가가 보장하는 영원한 소망을 바라보게 하는 중요한 일을 한다. 이 책은 참을성 있고 사려 깊게, 능숙하게 그 역할을 해낸다.

레이첼 마이어스(Raechel Myers), 쉬 리즈 트루스(She Reads Truth) 공동 설립자

낸시 거스리는 내가 좋아하는 작가 중 한 사람인데, 그 이유는 특히나 하나님 말씀에 푹 빠진 사람이기 때문이다. 그녀는 "슬퍼하면 우리가 불편해지니 그만 슬퍼하라."라는 식의 "빨리 극복하라."라는 값싼 조언을 하지 않고도 예수님을 확증해 준다. 저자는 예수님이 피로 사신 선하심과 기쁨을 우리가 받아들이도록 격려하고 바로잡고 힘을 주는 복음의 진리를 솔직하고 투명하게 긍정해 준다. 훌륭한 책이다.

랜디 알콘(Randy Alcorn), 『헤븐』, 『악의 문제 바로 알기』, 『랜디 알콘의 기빙』 저자

저자는 늘 내게 건전한 지혜의 근원이 되어 주는데, 이 책도 예외가 아니다. 깊은 공감과 살아 있는 소망을 제공하는 이 책은 당신의 지친 마음에 힘을 주고, 그리스도로 인해 충만해지는 즐거움과 약속을 보여 줄 것이다.

로라 위플러(Laura Wifler), 리즌 마더후드(Risen Motherhood) 공동 설립자, 팟캐스터, 『Risen Motherhood: Gospel Hope for Everyday Moments』 공저자

1년에 한 번 성경을 통독하면서, 하나님이 여성들의 빈 자궁을 사용하셔서 그 백성에게 시기적절한 구원을 베푸시는 모습을 자주 발견했다. 이 책을 읽고 그 이유를 알게 되었다. 하나님은 빈 그릇으로 가장 좋은 일을 하시기 때문이다! 문제 앞에 진부한 표현과 기계적인 답이 넘쳐 나는 세상에서, 저자는 하나님의 진리를 들려주면서 그분이 공허함을 사용하시는 **이유**와 그 **방법**을 설명해 준다. 결국, 성경에 기초한 설명은 우선 내가 생각하게 해 주고, 그다음에는 우리를 채우시는 하나님을 예배하게 만든다! 책의 '나가는 글'에 나오는 기도는 개인적으로 앞으로의 내 기도 여정에도 적용할 계획이다. 누구나 살면서 언젠가는 **공허함**을 경험하는데, 나는 이 책 덕분에 그것을 어떻게 채워야 할지 알게 되었다. 공허함을 채우는 성경적 해결책을 제시해 주어 감사한다.

데이비드 아서(David Arthur), 프리셉트 미니스트리즈(Precept Ministries) 총재

사람은 누구나 자신의 감정과 하나님 말씀을 능숙하게 연결하고 싶어 한다. 우리는 얼마든지 공허함을 느낄 수 있다. 문제는, 하나님이 성경에서 이 공허함을 두고 하시는 말씀을 듣고, 그분이 특유의 온유하심과 뜻밖의 새로운 요소로 자주 하시는 말씀을 듣는 것이다. 저자는 우리를 위해 이러한 연결을 해 주기에 더할 나위 없이 완벽한 사람이다.

에드 웰치(Ed Welch), 기독교상담교육재단(CCEF) 전문 상담사 겸 교수

공허함은 모든 사람이 살면서 경험하는 감정이다. 우물이 마르면, 어떻게 채우느냐에 따라 세상이 바뀐다. 어떤 사람들은 고통스러운 상실과 절망을 누그러뜨리려고 술과 약물, 개인의 야망을 추구한다. 하지만 어느 것도 우리에게 가장 필요한 것, 곧 **진정한** 해결책은 주지 못한다. 이 책은 사탕발림 식의 진부한 의견이나 얄팍한 각성제를 제시하지 않는다. 우리는 이 책에서 해답을 찾고, 우리가 저자에게서 기대한 바를 얻을 수 있을 것이다. 낸시 거스리는 당신에게 말을 걸고, 당신을 이해하며, 당신을 도와줄 수 있다. 당신은 고통 가운데서 더 큰 목적을 발견할 수 있을 것이다.

코스티 힌(Costi W. Hinn), 목사, 『God, Greed, and the (Prosperity) Gospel』 저자

레스피트 리트릿(Respite Retreat)에서 우리 부부와 함께 일주일을 보낸 수많은 유가족께 이 책을 드립니다. 동그랗게 모여 앉아 여러분의 눈을 들여다보며 여러분의 가정과 마음속에 있는 공허함을 발견하고, 하나님이 그 공허함을 사용하여 가장 좋은 일을 하실 수 있다는 확신의 말씀을 드렸습니다.

공허함이 여전한 것을 압니다. 여러분의 가족사진에, 식탁에, 과거에 세웠던 미래 계획에 아직도 공허함이 있습니다.

저는 여러분의 공허함에도 '불구하고'가 아니라, 그 공허함을 '통해' 하나님이 계속해서 가장 좋은 일을 하시기를 기도합니다. 하나님이 그분의 생명과 빛, 아름다움과 목적, 소망과 기쁨으로 여러분의 삶을 채워 주시기를 간절히 기도합니다.

[차례]

추천의 글 4
들어가는 글 공허함은 채워질 수 있다 12

1. 강렬한 욕구 _ 공급하심으로 공허함을 채우시는 하나님   23
광야의 굶주림 | 새로운 입맛 개발하기 | 광야의 굶주림에 대한 또 다른 시험 | 산비탈의 굶주림 | 당신의 공허함을 어떻게 채울 것인가?

2. 중심에 있는 장막 _ 임재로 공허함을 채우시는 하나님   47
우리와 함께하시려고 동산으로 내려오신 하나님 | 우리와 함께하시려고 장막으로 내려오신 하나님 | 우리와 함께하시려고 육신을 입고 내려오신 하나님 | 우리와 함께하시려고 성령으로 내려오신 하나님 | 우리와 얼굴을 마주 보고 함께하시려고 다시 오실 하나님

3. 간절한 필요 _ 은혜로 공허함을 채우시는 하나님   67
그 땅의 흉년 | 베들레헴에 내려온 은혜 | 외부인에게 확장된 은혜 | 나오미에게 임하여 역사하는 은혜 | 우리 안에서 역사하기 시작하는 은혜 | 세상을 뒤바꾸는 은혜

4. 왕의 식탁 _ 자비로 공허함을 채우시는 하나님   89
므비보셋의 가혹한 삶 | 다윗에게 임한 하나님의 자비 | 므비보셋에게 임한 다윗의 자비 | 당신과 내게 임하는 왕의 자비

5. 채워지지 않는 갈증 _ 생명으로 공허함을 채우시는 하나님　107

유다의 갈증 | 우물가의 갈증 | 잔치 자리의 갈증 | 다시는 목마르지 아니하리니

6. 사라지는 숨결 _ 의미로 공허함을 채우시는 하나님　127

큐의 인생 비평: 헛되다 | 가치 있는 것을 찾아 헤맨 큐의 탐색 | 죽음에 대해 생각하라는 큐의 초대 | 큐의 제한된 관점

7. 떨리는 신뢰 _ 믿음으로 공허함을 채우시는 하나님　151

공정한 심판을 찬양 | 진짜 두려움을 인정 | 단호한 기쁨을 잃지 않겠다는 결단 | 궁극적 보장에 대한 기대 | 믿음으로 채움

8. 숨겨진 보물 _ 기쁨으로 공허함을 채우시는 하나님　171

모든 것을 내어주기 꺼리는 마음 | 기꺼이 모든 것을 팔려는 마음 | 즐거이 모든 것을 받으려는 기대감

나가는 글　공허함을 채워 주시기를 구하는 기도　194
참고 자료　203
주　206

[들어가는 글]

공허함은 채워질 수 있다

"내 얘기네! 내 인생이 그래. 텅 빈 것 같아." 친구 줄리에게 내가 지금 쓰고 있는 책, 당신 손에 들린 이 책의 제목을 말해 주자 그녀가 한 말이다. 얼마 전에 은퇴한 줄리 부부는 자녀들을 멀리 떠나보내고 하루하루 어떻게 시간을 보낼지, 텅 빈 마음을 어떻게 채울지 고민하고 있었다. 그런데 이런 반응을 보이는 것은 그녀만이 아니다. 사람들에게 내가 작업하고 있는 책 제목을 말해 주면, 대개는 공감한다는 듯이 낮은 목소리로 "음." 하고 반응했다.

공허함이라는 현실은 다들 공감하는 듯하다.

나도 마찬가지다. 사실 나도 그렇다고 인정하는 것이 조금은 어색한데, 과거나 지금이나 내 삶은 좋은 것들로 충만하기 때문이다. 절대적으로 행복과 만족을 느낄 이유가 헤아릴 수 없이 많다. 그렇지만….

나도 공허함을 떨치려고 애쓸 때가 자주 있었다. 조금 더 정확히 표현하자면, 공허함의 파도 속에 파묻혀 있을 때가 많았다. 때로 내 속에 바닥을 알 수 없는 구덩이가 있는 듯한 느낌이다. 그 어떤 오락거리나 긍정의 말, 물질로도 채울 수 없는 깊은 구덩이 말이다. 가진 게 이렇게 많고 할 수 있는 게 이렇게 많은데도 얼마나 질투심이 심한지 부끄러울 따름이다. 열심히 노력해서 무언가를 성취한 직후에, 혹은 꿈꾸던 휴가를 즐기고 있는 순간에조차 어째서 공허함을 느끼는지 알 길이 없었다. 재미있는 사람들로 가득한 모임에서나 훌륭한 남편과의 결혼 생활에서도 외로움을 느낄 수 있다니 어찌 된 영문인지 궁금했다. 비싼 물건을 사거나 중요한 행사를 치르거나 많은 사람이 원하는 경험을 하고 나서, 짜릿한 만족감은 금세 사라지고 불만만 계속되는 이유가 뭔지 알고 싶었다.

그런데 내가 그랬다.

물론, 내 딸 호프와 아들 가브리엘을 잃은 경험만큼 큰 공허함을 준 사건은 없었다. 둘은 희귀성 대사장애로 목숨을 잃었다.[1] 호프가 죽은 직후 슬픔에 빠져 힐스보로 로드를 운전하던 기억이 난다. 나는 비어 있는 자리를 보면서 울부짖었다. "저 자리에 있는 카시트에 아이가 타고 있어야 해. 호프는 저기 있어야 한다고." 하지만 그 자리는 텅 비어 있을 뿐이었다. 그 시절 나는 매일 빈자리를 마주해야 했다. 빈방, 식탁의 빈자리, 가족사진의 빈 곳, 우리 가족과 내 인생 계획에서 너무나 큰 빈자리. 이후로 세월이 흐르면서 그 빈자리의 형태와 크기는 변했지만, 사라지지 않고 그대로 남아 있다.

당신도 공감할지 모르겠다. 어쩌면 '공허함'이라는 말이 당신 인생을 가장 잘 묘사해 준다고 생각하여 이 책을 집어 들었을지도 모른다.

실직, 사별, 사라진 목적의식 등 상실로 인해 공허함이 생겼을지도 모른다. 아니면, 원래 가지고 있던 것을 잃어버린 경우가 아니라, 처음부터 없었던 것 때문에 공허함을 느끼는 사람도 있을 것이다. 오랫동안 갈망하던 관계를 한 번도 맺거나 누린 적이 없는 사람이 있을 것이다. 결혼반지를 껴 보지 못한 사람, 자녀가 없는 사람, 이름 앞에 바라던 직책을 가져 본 적이 없는 사람, 꿈꾸던 생활 수준을 누리지 못한 사람도 있을 것이다. 입 밖으로 내뱉으면 꿈이 짓밟혀 자신을 무너뜨릴지도 모른다는 두려움에 종종 경시했던 꿈은 이제 내 손을 떠나거나 가능성이 사라진 것만 같다.

혹은 왜 이런 공허함을 느끼는지 정확하게 집어내지 못하는 사람도 있을 것이다. 주변에 있는 다른 많은 사람과 비교해 볼 때 당신은 운이 좋은 편이다. 그런데도 당신 영혼은 끊임없이 실망감과 불만족에 시달린다. 때로 거의 모든 주변 사람의 삶에 목적과 의미, 생명과 사랑, 즐거운 시간과 미래 계획이 가득한 것만 같아서 당신 삶의 공허함은 더 커져만 보인다.

이런 공허함은 다양한 모습을 띤다. 뭐라고 규정하기 힘들지만 끈질긴 아픔으로 당신을 따라다닐 때도 있다. 그런가 하면, 부정할 수 없는 큰 고통에 압도당하는 때도 있다. 공허함의 무게가 얼마나 무겁게 느껴질 수 있는지, 공허함이 우리 영혼에 얼마나 큰 공간을 차지할 수 있는지, 존재하지도 않는 무언가로 인해 얼마나 큰 고통이 생길 수 있는지 놀랍기만 하다.

당신은 자신의 공허함을 **가장 큰 문제**로 보았는지도 모르겠다. 하지만 나는 하나님이 당신 인생의 공허함을 **가장 큰 기회로** 보신다는 것을 당신에게 이해시킬 수 있으면 좋겠다. 실제로, 이 책 곳곳에서 우리는 공허함이 과거에도 미래에도 하나님께 문제가 되지 않는다는 것을 살펴볼 것이다. 오히려 우리는 성경 이야기를 통해 다음 사실을 반복해서 보게 될 것이다. **하나님은 성령님을 통해 그분 자신을 우리에게 채워 주셔서 우리의 공허함 가운데 가장 좋은 일을 하신다.**[2]

이것은 좋은 소식이다. 하지만 당신에게도 좋게 들릴지는 의문이다. 어떤 사람들에게 이 이야기는 일상에 아무 영향을 미치지 못하는 무언가를 팔려는 영적 영업처럼 들릴 수도 있다. 하나님께 받기 원하는 것이 있을 수는 있지만, 솔직히 말해서 하나님을 더 얻는 데는 별 관심이 없다. 그래서 딴 세상 이야기 같거나 별로 구미가 당기지 않는다. 그 빈 곳을 채우기 위해 반드시 손에 넣어야 하는 다른 무언가, 다른 누군가가 있다.

왜 그럴까? 하나님과 그분의 선하심에 대한 당신의 관점, 그리고 그분이 당신 인생의 중심에 계신다는 것의 의미가 현실과 동떨어져 버렸기 때문일지 모른다. 당신을 공허함이라는 반향실에 가두어 놓으려는 영혼의 적이, 하나님이 당신의 공허함을 채우실 수 있다는 것은 거짓 약속이라는 말로 당신을 설득했기 때문일지도 모른다. 그것은 잠시 손에 잡힐 수는 있지만, 지속성이 없는 종교적 허튼소리에 지나지 않는다는 것이다.

나는 거짓 약속이나 겉만 번지르르한 말로 지면을 채우는 데는 관심이 없다는 점을 처음부터 분명히 해 두고자 한다. 기분 좋게 하는 말이나 상황이 썩 나쁘지는 않다는 주장, 가서 인생을 즐기라는 충고, 그저 당신의 운명을 붙잡으라는 식의 동기 부여 표현은 내 의도와는 거리가 멀다. 끈질긴 공허함을 없애는 5단계 방법이나 기분이 좋아지는 자기 계발 공식 따위도 없다. 개인적으로는 내가 상상하지도 못한 방식으로 그리스도가 공허함을 채워 주시는 놀라운 기쁨을 맛보았지만, 그 경험을 전달하는 것도 이 책의 의도는 아니다.

나는 하나님이 직접 말씀하시기를 원한다. 성경에서 하나님은 그렇게 하신다. 하나님은 말씀하신다. 그분을 드러내신다. 우리를 그분께 부르신다. 그분 자신으로 우리를 채워 주겠다고 말씀하신다.

나는 당신과 함께 커튼을 열어젖히고 하나님이 어떤 분이신지, 이 세상에 살면 겪을 수밖에 없는 공허함을 그분이 어떻게 해결하시는지 온전히 들여다볼 수 있기를 원한다. 그분이 하신 약속의 소리를 키워서 그 말씀이 믿을 만하며 피할 수 없다는 사실을 발견하기를 원한다. 그리고 하나님이 다른 어떤 사물과 사람도 할 수 없는 방식으로 당신의 공허함을 채우실 수 있고, 또 채우실 것이라는 사실을 당신과 함께 믿기를 원한다.

태초부터 시작해 보면 어떨까. 가장 처음 말이다. 하나님을 제외한 모든 것의 시작.

> 태초에 하나님이 천지를 창조하시니라 땅이 혼돈하고 공허하며 흑암이 깊음 위에 있고 하나님의 영은 수면 위에 운행하시니라(창 1:1-2).

하나님이 세상을 창조하셨다는 사실을 알자마자 세상에 세 가지 문제가 있다는 사실도 발견하게 되는 것이 흥미롭지 않은가? 땅은 혼돈하고 공허하며 흑암 가운데 있었다.

그러나 희망이 없는 것은 아니었다. 왜 그런가? "하나님의 영은 수면 위에 운행하시니라"(창 1:2).

하나님의 영이 운행하고 계셨다. 어둡고 혼돈한 공허 위를 비둘기처럼 날고 계셨다. 마치 무슨 일이 막 생기기라도 할 것 같았다. 그리고 정말로 그렇게 되었다.

하나님이 이르시되 빛이 있으라 하시니 빛이 있었고(창 1:3).

창조 세계에 빛이 밀려오면서 어둠의 문제가 사라졌다.

하나님이 빛과 어둠을 나누사 하나님이 빛을 낮이라 부르시고 어둠을 밤이라 부르시니라… 하나님이 이르시되 물 가운데에 궁창이 있어 물과 물로 나뉘라 하시고… 그대로 되니라 하나님이 궁창을 하늘이라 부르시니라(창 1:4-8).

또한 하나님이 빛과 하늘이 있으라고 말씀하시니 혼돈의 문제가 해결되었다. 하나님은 창조 세계의 환경과 궁창에 질서와 형태를 부여하셨다.

그다음으로 하나님은 공허의 문제를 해결하기 시작하셨다.

하나님이 이르시되 땅은 풀과 씨 맺는 채소와 각기 종류대로 씨 가진 열매 맺는 나무를 내라 하시니 그대로 되어(창 1:11).

이어서 하나님은 물고기로 바다를, 새로 하늘을, 동물로 땅을 채우셨다. 그러고 나서 그분의 형상대로 창조하신 인간으로 세상을 채우셨다. 하나님은 빛과 생명, 아름다움과 선함, 의미와 관계로 텅 빈 곳을 채우시며 일하고 계셨다.

친구여, 이것이 바로 하나님이 당신 삶에서 하시려는 일이다.

창세기의 성경 이야기가 계속해서 펼쳐지면서 우리는 아브람과 사래(나중에 아브라함과 사라로 불린다) 부부를 만난다. 하나님은 이 두 사람의 후손을 하늘의 별과 바닷가의 모래알처럼 많게 하셔서 세상의 빈 곳을 채우기로 계획하셨다. 그런데 문제가 하나 있었다.

사래는 임신하지 못하므로 자식이 없었더라(창 11:30).

창세기 저자 모세가 같은 현실을 두 번 표현하여 사래의 빈 자궁을 강조하는 듯한 점이 흥미롭다. "임신하시 못하므로." "자식이 없었더라."

하지만 이번에도 하나님이 일하고 계셨기에 희망이 있었다. 사실, 하나님은 그분이 곧 텅 빈 곳을 채우시는 분임을 누구라도 놓칠 수 없도록 확실하게 일하셨다.

사라는 하나님이 아브라함에게 아내가 아들을 낳으리라고 하시는 말씀을 듣고 웃었다. 그 말씀은 정말 웃을 만한 터무니없는 이야기였다. 사라는 90대에 접어들었고, 아브라함의 나이는 100세였다.

하나님은 "여호와께 능하지 못한 일이 있겠느냐"(창 18:14)라고 말씀하셨다. 그리고 그 말씀 그대로 되었다. "여호와께서 말씀하신 대로 사라를 돌보셨고 여호와께서 말씀하신 대로 사라에게 행하셨으므로 사라가 임신하고 하나님이 말씀하신 시기가 되어 노년의 아브라함에게 아들을 낳으니"(창 21:1-2).

아브라함과 사라에게는 너무 힘든(사실상 불가능한) 일이 하나님께는 전혀 힘들지 않았다. 부부는 아이에게 '웃음'이라는 뜻의 이삭이라는 이름을 지어 주었다. 하나님은 사라의 빈 자궁을 기쁨으로 채워 주셨다.

하나님의 능력으로 인한 사라의 임신은 여러 면에서, 훗날 하나님의 백성이 또 다른 불가능한 임신을 받아들이도록 준비하게 하는 역할을 했다. 이 임신이 놀라운 까닭은 여자의 나이가 많아서가 아니라 남자를 알지 못하는 여자였기 때문이다.

천사가 이르되 마리아여 무서워하지 말라 네가 하나님께 은혜를 입었느니라 보라 네가 잉태하여 아들을 낳으리니 그 이름을 예수라 하라 그가 큰 자가 되고 지극히 높으신 이의 아들이라 일컬어질 것이요 주 하나님께서 그 조상 다윗의 왕위를 그에게 주시리니 영원히 야곱의 집을 왕으로 다스리실 것이며 그 나라가 무궁하리라 마리아가 천사에게 말하되 나는 남자를 알지 못하니 어찌 이 일이 있으리이까 천사가 대답하여 이르되 성령이 네게 임하시고 지극히 높으신 이의 능력이 너를 덮으시리니 이러므로 나실 바 거룩한 이는 하나님의 아들이라 일컬어지리라(눅 1:30-35).

이번에도 성령님이 함께하셔서 그분의 창조 사역을 하고 계셨다. 하나님의 생명이 마리아의 빈 자궁을 채우셨다. 마리아의 어두운 자궁 속에서 세상의 빛이신 분이 형태를 갖추셨다. 세포가 또 다른 세포를 만들었다. 말씀이 육신이 되어 은혜와 진리가 충만하셨다.

고통스러운 공허함을 채우고 구원하고 없애 줄 은혜가 당신에게도 필요한가? 하나님은 그분만이 주실 수 있는 은혜로 당신 삶을 채우실 것이다. 그분은 은혜를 주기 기뻐하신다. 요한복음 1장 16절은 "우리가 다 그의 충만한 데서 받으니 은혜 위에 은혜러라"라고 말한다.

이 책의 나머지 부분을 읽어 나가면서, 페이지마다 가득한 은혜와 당신의 공허함이 채워질 수 있다는 눈에 보이는 소망을 발견하기를 기대하고 바란다. 내가 기도하는 바는 이것이다. 하나님이 당신의 공허함을 그분으로 채우셔서 그 공허함을 통해 가장 좋은 일을 하실 수 있음을 당신이 믿고 경험하기를 간절히 기도한다.

1.
강렬한 욕구

공급하심으로 공허함을 채우시는 하나님

기대할 게 별로 없는 것 같았다. 나는 기독교 출판사에서 홍보 담당자로 일하면서 무척 만족했다. 맡은 일도 잘 해냈다. 출산 휴가가 끝나면 파트타임으로 복직하기를 기대하고 있었다. 내가 회사에 퍽 쓸모 있다는 자신감이 있었기에, 엄마와 직장인의 역할을 다 해내고 싶은 내 욕구를 회사에서 유연하게 수용해 주리라 믿었다. 하지만 새로운 직무 설명서와 직책과 급여를 명시한 계약서를 보고 망연자실했다. 선뜻 받아들이기에는 너무 좋지 않은 조건이었다.

살면서 바닥에 엎드려 흐느낀 적이 몇 번이나 있었던가. 그런데 그날 그랬다. 내게 아주 소중한 무언가가, 마치 내 일부가 뜯겨 나간 것만 같았다. 아무도 원치 않고, 아무짝에도 쓸모없는 존재가 된 기분이었다.

엄마라는 새로운 역할에 적응하느라 허둥대면서 얼마간 시간이 흐른 뒤, 남편에게 이런 말을 했던 기억이 난다. "과거로 돌아가고 싶어요. 이전에 하던 일로 돌아가고 싶다고요. 이전의 몸으로 돌아가고 싶고, 이전에 당신과 맺던 관계로 돌아가고 싶어요."

집에서 아들과 보내는 시간도 중요하다고 생각했다. 하지만 솔직히 말해서, 중요하게 **느껴지지는** 않았다. 짐을 정리하러 사무실에 들렀는데, 우리 회사의 어느 베스트셀러 작가에게 전화가 왔었다는 쪽지가 책상 위에 남겨져 있었다. 그 **메모**를 보니 내가 중요한 사람이라는 느낌이 들었다.

내 행복의 열쇠를 쥐고 있는 듯한 무언가, 그러니까 그 회사와 그 팀의 소중한 일원이라는 것에 대한 강렬한 욕구가 있었다. 기저귀를 갈고 바닥에서 아이와 놀면서 어떻게 그 욕망을 채울 수 있을지 상상하기 힘들었다. 내 이름 뒤에 붙은 그 직책 없이, 내 계좌에 들어오는 그 월급 없이, 내 자아감을 지지해 주는 그 일의 의미 없이 어떻게 행복해질 수 있을지 상상할 수 없었다.

그 욕망은 꽤 오랫동안 내 삶을 장악하면서, 내 삶의 모든 좋은 것을 바라보는 관점을 지배했다. 이후로 내게는 수많은 갈망, 즉 내 손에 잡히지 않는 것들에 대한 갈망, 내가 할 수 없는 일들에 대한 갈망이 생겨났다. 당신도 마찬가지일 것이라고 생각한다. 인간은 모두 욕구를 지닌 존재이니 말이다. 우리에게는 바람이 있는데, 때로 그 바람이 욕구가 된다. 욕구 때문에 눈이 멀기도 하고, 욕구가 너무 강력해서 그 작은 구멍으로 삶 전체를 바라보게 되기도 한다.

애굽의 종살이에서 탈출한 하나님의 백성이 그랬다. 하나님은 그들이 약속의 땅에서 그분과 함께 살 수 있도록 그들을 구출해 내셨다. 하나님은 거기서 그들을 좋은 것으로 만족하게 해 주겠다고 약속하셨다. 하나님은 이스라엘 백성에게 약속하신 땅 근처까지 그들을 데려가셨지만, 그들은 두려워졌다. 하나님을 신뢰하지 못했다. 그래서 광야에서 40년 세월을 보내게 되었다. 악조건의 환경에서 40년을 기다리게 된 것이다.

그러나 하나님은 광야 생활을 그저 낭비되는 시간으로 생각하지 않으셨다. 오히려 광야의 시간을 통해 그들을 가르치고 훈련하기로 계획하셨다. 하나님이 자기 백성을 돌보시는 믿을 만한 분임을 그들이 배우게 하셨다. 비록 하나님이 그들의 모든 욕구를 달래 주시지는 않았지만, 광야 생활 40년은 이스라엘 백성이 그 믿음을 살아 내고, 그들의 필요를 채우시는 주님을 날마다 의지할 시간을 마련해 주었다. 광야에서 하나님은 그들이 자신의 욕구보다 자신의 진정한 필요를 발견할 기회를 주셨다.

출애굽기, 민수기, 신명기에 이스라엘 백성의 40년 광야 생활 이야기가 나온다. 하지만 그 이야기를 우리와 동떨어지고 상관없는 사람들의 이야기로만 읽어서는 안 된다. 그들의 이야기가 곧 우리 이야기임을 볼 수 있어야 한다. 하나님이 무고한 어린양(세상 죄를 지고 가시는 하나님의 어린양)의 피로 당신을 죄의 종살이에서 구원하셨다면, 믿음으로 당신이 예수 그리스도 안에 있는 그 백성에 대한 하나님의 언약적 약속을 붙잡고 있다면, 이스라엘 이야기는 당신의 이야기이기도 하다.

하나님이 광야 생활을 낭비되는 시간으로 의도하지 않으셨듯이, 당신과 내가 이 세상에서 텅 빈 광야에 살아가는 시간 역시 낭비되는 시간으로 의도하지 않으신다. 하나님은 이스라엘 백성이 광야를 통과하는 동안 그들을 가르치고 훈련하기를 원하셨듯이, 당신과 내게 가르치고자 하는 것과 우리를 훈련하고자 하는 방식이 있으시다.

광야의 굶주림

백성이 애굽을 떠난 지 한 달쯤 되자 출애굽의 감격이 서서히 사그라지기 시작했다.

이스라엘 자손이 그들[모세와 아론]에게 이르되 우리가 애굽 땅에서 고기 가마 곁에 앉아 있던 때와 떡을 배불리 먹던 때에 여호와의 손에 죽었더라면 좋았을 것을 너희가 이 광야로 우리를 인도해 내어 이 온 회중이 주려 죽게 하는도다(출 16:3).

그들이 욕구 때문에 제대로 된 관점을 잃고 있다는 첫 번째 힌트가 여기 있다. 이스라엘 백성은 애굽에서 겪은 채찍질과 등골 빠지는 노동, 갓난 사내아이들이 살해당한 사건을 잊고 있었다. 무엇이 그들에게 망각을 불러왔는가? 배고픔이다. 애굽에서 먹던 음식을 떠올리자 그들의 입에 침이 고였다. 그러나 하나님은 그들을 굶겨 죽이려고 광야로 끌어내시지 않았다. 그분은 그들에게 필요한 것을 공급하려 하셨다.

> 그때에 여호와께서 모세에게 이르시되 보라 내가 너희를 위하여 하늘에서 양식을 비같이 내리리니 백성이 나가서 일용할 것을 날마다 거둘 것이라 이같이 하여 그들이 내 율법을 준행하나 아니하나 내가 시험하리라(출 16:4).

이스라엘 백성은 먹을 것도 마실 것도 없는 광야 한가운데 있었다. 왜 그들이 거기 있었는가? 하나님이 그들을 그곳으로 인도하셨기 때문이다. 그것은 우연이 아니라, 목적이 분명한 우회로였다. 하나님은 그들을 시험하려 하셨다. 다시 말해, 그들이 그들을 돌보는데 전적으로 헌신하신 우주의 하나님과 관계를 맺고 있는 것처럼 살 기회를 주고 계셨다. 그 관계는 그들 편에서 그분을 신뢰하고 순종하려는 의향이 얼마나 있느냐로 표현될 수 있었다.

그 이슬이 마른 후에 광야 지면에 작고 둥글며 서리같이 가는 것이 있는지라 이스라엘 자손이 보고 그것이 무엇인지 알지 못하여 서로 이르되 이것이 무엇이냐 하니 모세가 그들에게 이르되 이는 여호와께서 너희에게 주어 먹게 하신 양식이라(출 16:14-15).

히브리어 '만 후'(man hu) 또는 '만나'(manna)는 '이게 뭐지?'라는 뜻이다. 이스라엘 백성은 하나님이 40년간 매일 아침 그들에게 보내신 이 기적 같은 음식을 그렇게 불렀다. 누군가 "저녁은 뭘 먹지?"라고 물으면, 그 대답은 항상 "이게 뭐지?"였다. 만나는 40년 동안 매일 계속된 기적이었다.

그러나 만나는 매일의 시험이기도 했다. 이스라엘 백성은 다음 날 먹을 만나를 저장해 둘 수 없었다. 매일 아침 그들은 그날 하루 먹을 만나를 거두어들이면서, 하나님이 내일도 그들의 필요를 채워 주신다는 믿음을 보여 줄 기회가 있었다. 믿음으로 살아갈 기회가 있었던 것이다.

우리도 이 광야 같은 삶을 살아가면서 똑같은 시험을 받는다. 하나님이 우리에게 공허함을 느끼게 하시는 이유도 어쩌면 그 때문인지 모른다. 어쩌면 우리는 시험을 받고 있는지도 모른다. 혹은 이렇게 볼 수도 있다.

하나님은 우리가 믿는다고 고백하는 바를 삶으로 드러낼 기회를 주고 계신다.

하나님은 우리 삶의 이 시기를 통해 그분이 우리의 **필요를 공급하신다는 것을 믿도록 우리를 훈련하길 원하신다**. 성경의 하나님을 당신의 하나님으로 고백한 적이 있는가? 이곳 광야에서 그 믿음을 살아 낼 기회가 주어진다. 하나님이 당신의 진정한 필요를 공급하실 것을 믿고 그분이 허락하신 것에 불평하지 않을 때 당신이 입으로 주장한 믿음이 그저 편리하거나 문화적으로 수용할 수 있는 동맹이 아니라 진정한 믿음임을 입증하는 셈이다.

그 후의 이스라엘 백성 이야기는 민수기에서 볼 수 있다. 약 1년 후, 그들은 매일 아침 장막 앞에 내린 만나를 먹으면서도 또다시 불평하기 시작했다.

> 그들 중에 섞여 사는 다른 인종들이 탐욕을 품으매 이스라엘 자손도 다시 울며 이르되 누가 우리에게 고기를 주어 먹게 하랴 우리가 애굽에 있을 때에는 값없이 생선과 오이와 참외와 부추와 파와 마늘들을 먹은 것이 생각나거늘 이제는 우리의 기력이 다하여 이 만나 외에는 보이는 것이 아무것도 없도다 하니(민 11:4-6).

그러니까 먹을 것이 **아무것도** 없어서가 아니었다. 하나님이 날마다 내려 주신 만나 외에 다른 것을 원했기 때문이다. 하나님은 그들을 젖과 꿀이 흐르는 땅으로 이끄시면서, 날마다 하늘에서 빵을 내려 주셨다. (하늘에서 만들어진 빵은 어떤 맛이었을까? 틀림없이, 천국의 맛이었을 것이다!) 그런데 그들은 애굽에서 먹던 참외와 부추를 떠올리며 침을 흘리고 있었다.

하나님이 기적을 베푸시면 사람들이 하나님을 믿을 거라고들 말한다. 당신이 간절히 원하는 것을 하나님이 주시면, 앞으로 그분을 더 많이 신뢰하리라고 생각할지도 모른다. 하나님께 불평하기보다 그분을 더 사랑할 것이다. 하지만 이스라엘 역사는 날마다 장막 앞에 만나가 기다리고 있는 엄청난 기적을 경험하고도 하나님을 신뢰하지 못한 사람들의 이야기다. 그들은 온 마음과 영혼과 힘을 다하여 하나님을 사랑하기를 거부했다. 하나님을 믿지 않고 오히려 그분께 반항했다. 턱 바솔러뮤 박사(Dr. Tuck Bartholomew)는 "그들은 자신의 욕구라는 구멍으로만 삶을 바라보는 일차원적 백성이 되었다."라고 말한다.[31] 다양한 음식에 대한 그들의 욕구는 이외의 다른 모든 것에 눈이 멀게 하는 맹목적 요구 사항으로 변질했다. 그들은 자기들의 욕구에 사로잡혀서, 말 그대로 자신들에게 쏟아져 내리는 하나님의 선하심을 보지 못했다.

자기 욕구에 눈이 먼 많은 사람이 하나님이 우리를 위해 하신 일과 우리에게 주신 모든 것을 보지 못한다. 물론, 구원을 비롯한 많은 것에 감사하지만, 우리가 **정말로** 갈구하는 것은 따로 있다. 날씬해지고 싶고, 좋은 동네에 자리한 좋은 집을 원하며, 권위와 기회가 더 많은 지위로 승진하기를 바라고, 아이를 갖고 싶어 하거나 이미 있는 자녀를 바꾸고 싶어 한다.

이스라엘 백성에게는 음식이 가장 중요했다. 당신에게 가장 중요한 것은 무엇인가? 당신의 욕구가 그것으로 삶의 모든 것을 바라보는 구멍이 되어 하나님의 선하심을 보지 못하게 하지는 않았는가?[4]

이스라엘 백성이 무엇을 간절히 바랐는가? 애굽의 진미 성찬이다. 그들은 애굽에 가면 맛있는 음식을 마음껏 먹을 수 있다는 이유만으로, 거의 죽기 직전까지 학대받던 애굽으로 돌아가고 싶어 했다. 그들 앞에는 분명한 선택안이 있었다. 자신들의 욕구를 따라 애굽의 종살이로 다시 돌아갈 것인가? 아니면, 광야에서 기다림의 시간을 사는 동안에는 비록 모든 욕구가 충족되지 않더라도, 하나님이 그들의 필요를 채워 주실 것을 믿고 그분의 공급하심을 받아들이고 누리면서 현재에 만족할 것인가? 지금 여기서 그들이 간절히 바라는 모든 것을 하나님께 낱낱이 요구할 것인가? 아니면, 현재의 굶주림이 젖과 꿀이 흐르는 땅에서 하나님과 누릴 만찬에 대한 기대감을 불타오르게 할 것인가?

우리 앞에도 똑같이 분명한 선택안이 있다. 하나님은 우리에게 똑같은 시험을 허락하신다.

하나님은 우리가 앞으로 올 더 좋은 것을 고대하면서 세상이 주는 것을 거부할 기회를 주고 계신다.

광야 생활에 있을 수밖에 없는 불만족이 영원히 사라질 날이 다가오고 있다. 우리는 하나님의 영원한 땅, 곧 새 하늘과 새 땅에 집을 짓고 다시는 굶주리지 않을 것이다. 그러나 지금 여기에서 **세상이**

라는 광야를 살아가는 동안, 잠시 우리의 미각을 만족시켜 주지만 사실은 생명과 자유를 앗아 가는 세상 것들에 대한 욕구를 끊을 기회가 있다. 우리에게는 하나님이 공급하시는 빵으로 살아가면서, 진정한 영양분과 생명을 주는 것에 식욕을 키울 기회가 있다.

새로운 입맛 개발하기

이스라엘 백성은 정말로 자신을 만족시킬 것들에 식성을 개발할 기회가 40년이나 있었다. 실제로, 다음 세대가 약속의 땅에 들어가려고 준비할 때 모세는 이것이 하나님이 그 백성이 광야에서 굶주림을 먼저 경험하게 하신 이유라고 설명했다.

네 하나님 여호와께서 이 사십 년 동안에 네게 광야 길을 걷게 하신 것을 기억하라 이는 너를 낮추시며 너를 시험하사 네 마음이 어떠한지 그 명령을 지키는지 지키지 않는지 알려 하심이라 너를 낮추시며 너를 주리게 하시며 또 너도 알지 못하며 네 조상들도 알지 못하던 만나를 네게 먹이신 것은 사람이 떡으로만 사는 것이 아니요 여호와의 입에서 나오는 모든 말씀으로 사는 줄을 네가 알게 하려 하심이니라(신 8:2-3).

하나님이 만나를 보내 주시기 전에 그들이 음식 없이 지내면서 불편한 굶주림을 경험한 것은 확실히 우연이 아니었다. 그들이 인식한 부족함이나 허전함은 사실 그들이 교훈을 얻도록 도와준 선물이었다. 이스라엘 백성은 날마다 만나를 주시겠다는 하나님의 약속을 의지함으로써 "여호와의 입에서 나오는 모든 말씀으로 사는 줄"을 배우게 될 것이다.

그들이 의지해서 살아가야 할, 여호와의 입에서 나오는 말씀이란 어떤 것들이었을까? 땅을 주시겠다는 하나님의 약속, 순종에는 복을, 불순종에는 저주를 주시겠다는 약속, 율법은 늘 그들에게 유익하다는 확언, 제사, 성결 의식, 축일, 절기에 대한 가르침, 이스라엘 백성을 통해 온 세계에 복 주시겠다는 하나님의 선포 등이다.

우리에게는 이스라엘 백성보다 훨씬 더 많은 계시의 말씀이 있다. 그들은 모세가 전달한 하나님 말씀밖에 없었지만, 우리에게는 성경 전체가 있다. 그렇다면 "여호와의 입에서 나오는 모든 말씀으로 사는" 것이 당신과 내게는 무슨 의미일까? 하나님이 우리에게 주신 말씀을 읽고 그 가르침을 들어서 먹어야 한다는 뜻이다. 말씀을 꼭꼭 씹어 먹어야 한다. 우리 몸에 말씀의 영양분이 공급되어야 한다. 생각해야 한다! 성경의 의미와 적용을 곰곰이 생각하고 진리의 관점에서 산다는 것이 어떤 모습일지 숙고하면서, 말씀을 공급받고 힘을 얻게 된다. 또한 **하나님 말씀이 우리 사고방식을 바꾸기 시작하면서, 우리 감정도 바꾸는 것을 발견한다.** 실제로, 우리는 말씀이 우리 욕구까지 바꾸는 것을 발견한다.

예를 들면, 시편에는 다음과 같은 말씀이 있다.

여호와 하나님은 해요 방패이시라 여호와께서 은혜와 영화를 주시며 정직하게 행하는 자에게 좋은 것을 아끼지 아니하실 것임이니이다 만군의 여호와여 주께 의지하는 자는 복이 있나이다(시 84:11-12).

이 본문을 성급히 넘어가거나 무시하지 않고, 그 깊은 뜻을 묵상하고 알아내려 애쓰기 시작한다. 예수님을 우리 삶에 빛을 비추셔서 우리 눈이 뜨이고 자라게 하는 분으로 모신다는 것이 어떤 의미인지, 우리를 보호하시고 우리 영혼의 원수로부터 우리 삶을 지키시는 방패로 모신다는 것이 어떤 의미인지 생각해 본다. 하나님이 받을 자격이 없는 사람들(성경 인물이나 우리 주변 사람들)에게 은혜를 내려 주신 일을 목격한 많은 때와 우리 삶의 과정에서 은혜를 허락하신 때를 곰곰이 생각하기 시작한다. 그리스도의 영이 우리 삶에 역사하셔서 우리가 그리스도를 닮게 되는 것이 사실임을 증명할 방법, 즉 그분이 우리에게 그분의 영광을 허락하시는 방법을 생각해 본다.

더 나아가서 "정직하게 행하는 자에게 좋은 것을 아끼지 아니하실 것임이니이다"라는 말씀을 읽고 묵상하면서, 우리가 예수님의 삶과 죽음과 부활이라는 렌즈로 성경 전체를 읽은 것을 기억한다. 우리는 여호와가 좋은 것을 아끼지 아니하실 것을 확신하고 위안을 얻는데,

우리가 늘 옳은 일을 해서가 아니라 예수님이 늘 옳은 일을 하셨기 때문이다. 우리가 믿음으로 그분께 나아올 때 그분의 온전한 순종을 우리에게 전해 주신다. 그러고 나서 우리는 시편 기자가 말한 "좋은 것"이 무엇인지 생각해 보고는, 우리에게 좋은 것이 무엇인지 하나님이 우리보다 더 잘 아신다는 현실을 인정하게 된다.

이 말씀들을 마음속에 숙고할 때, 여호와는 정직하게 행하는 자에게 좋은 것을 아끼시지 않기에 그분이 우리에게 허락하시지 않는 것은 무엇이든 우리에게 가장 좋은 것이 아니거나 지금은 그것을 갖기에 적절한 때가 아니라는 점이 더 확실해진다. 우리는 여호와가 모든 것을 공급하시는 분임을 신뢰하는 기쁨을 경험한다.

자신의 실망과 좌절을 곱씹는 대신, 우리에게 영양분을 공급하는 진리를 묵상하는 편을 선택한다. 다른 사람들이 가진 것을 보여 주는 이미지가 쏟아지는 소셜 미디어를 끊임없이 들여다보는 대신, 우리를 선대하겠다는 하나님의 의도가 드러난 그분의 약속을 묵상한다.

그래서 당신에게 묻고 싶다. 요즘 당신은 무엇을 먹고 사는가? 무엇으로 힘을 얻는가? 하나님 말씀으로 식성을 길들이고 있는가, 아니면 애굽에서 필수품이라고 말하면서 약속하는 것들에 길들지는 않았는가? 당신이 광야에서 보내는 시간 동안 하나님은 기회를 주고 계신다.

당신이 간절히 바라는 것에 사로잡혀 지내기보다는 당신에게 정말로 필요한 것을 발견할 기회를 주고 계신다.

출산 직후 일을 통해 의미를 얻고 싶은 욕구에 사로잡혀 있던 그때, 내가 그 사실을 알았더라면 얼마나 좋았을까. 평범하고 지루하게만 느껴졌던 그 광야 시절에 하나님이 내게 가르치고 싶어 하신 모든 것을 배우려는 마음이 있었다면 얼마나 좋았을까. 하나님은 직책이나 월급이 내가 중요한 사람인지를 결정하지 않는다는 사실을 발견할 기회를 주고 계셨다. 나의 중요성은 하나님에게서 와야 한다. 이 세상에서 행복하기 위해 내게 필요한 것은 예수님뿐이다. 그분에게서 힘을 얻으면서, 내게 정말로 필요한 분이 그분이라는 사실을 계속해서 깨닫게 된다.

당신과 내가 계속해서 자기 생각과 감정에만 의존해서 산다면, 불평과 불만만 쌓일 것이다. 그러나 하나님 말씀을 곱씹는다면, 하나님이 허락하신 모든 것에 감사하고 앞으로 그분이 주실 모든 것에 대한 기대가 커질 것이다.

광야의 굶주림에 대한 또 다른 시험

출애굽기, 민수기, 신명기에 나오는 가족사를 되돌아보면서, 우리의 영적 조상이 광야에서 배워야 할 교훈을 배우고 하나님이 주신 땅에 도착할 때까지 계속해서 하나님 말씀을 의지했다는 사실을 볼 수 있으면 좋을 것이다. 하지만 그들은 그러지 못했다. 가나안 땅에

도착한 그들은 오히려 가나안 사람들이 차려 준 온갖 우상을 흡수하기 시작했다.

결국, 하나님이 그분의 "장자"라고 칭하신 이스라엘 백성은 광야의 시험에서 실패했다. 그래서 하나님은 또 다른 아들을 보내셨다. 그리고 그분은 이 아들 역시 광야에서 굶주림을 겪게 하셨다.

그때에 예수께서 성령에게 이끌리어 마귀에게 시험을 받으러 광야로 가사 사십 일을 밤낮으로 금식하신 후에 주리신지라 시험하는 자가 예수께 나아와서 이르되 네가 만일 하나님의 아들이어든 명하여 이 돌들로 떡덩이가 되게 하라 예수께서 대답하여 이르시되 기록되었으되 사람이 떡으로만 살 것이 아니요 하나님의 입으로부터 나오는 모든 말씀으로 살 것이라 하였느니라 하시니(마 4:1-4).

하나님은 40년이 아니라 40일 동안 예수님이 광야에서 굶주리게 하셨다. 그러나 예수님은 불평 불만하거나 광야에서 죽게 만든 하나님을 비난하거나 자기 손으로 직접 먹을 것을 공급하려 하지 않고, 하나님의 공급하심을 신뢰하셨다. 예수님은 그분이 지난 30년간 하나님의 입으로부터 나오는 모든 말씀으로 사셨으며, 그 말씀이 모든 필요를 하나님이 채우신다고 믿고 광야의 굶주림에 맞설 수 있도록 힘을 주었다는 사실을 잘 보여 주셨다.

산비탈의 굶주림

하루는 예수님 앞에 수많은 사람이 굶주려 있었다. 유대교의 유월절 축일이 가까운 때였다. 유월절은 오래전에 하나님이 모세를 통해 이스라엘을 구원하신 사건을 기념하는 날이었다. 그래서 예수님은 이 기회를 적절히 사용하셔서 그들에게 그분이 어떤 분이며, 왜 오셨는지 힌트를 주셨다.

> 예수께서 떡을 가져 축사하신 후에 앉아 있는 자들에게 나눠 주시고 물고기도 그렇게 그들의 원대로 주시니라(요 6:11).

떡과 물고기의 기적을 경험한 사람들은 예수님을 또 다른 모세로 생각하기 시작했다. 40년 동안 광야에서 벌어진 기적이 다시 시작되고 있다고 여겼다. 그래서 다음 날 그들은 예수님이 전날의 기적을 다시 베풀어 주시리라 기대하면서, 배를 타고 갈릴리 바다를 건너 가버나움으로 갔다.

그들이 묻되 그러면 우리가 보고 당신을 믿도록 행하시는 표적이 무엇이니이까, 하시는 일이 무엇이니이까 기록된 바 하늘에서 그들에게 떡을 주어 먹게 하였다 함과 같이 우리 조상들은 광야에서 만나를 먹었나이다 예수께서 이르시되 내가 진실로 진실로 너희에게 이르노니 모세가 너희에게 하늘로부터 떡을 준 것이 아니라 내 아버지께서 너희에게 하늘로부터 참 떡을 주시나니 하나님의 떡은 하늘에서 내려 세상에 생명을 주는 것이니라 그들이 이르되 주여 이 떡을 항상 우리에게 주소서 예수께서 이르시되 나는 생명의 떡이니 내게 오는 자는 결코 주리지 아니할 터이요 나를 믿는 자는 영원히 목마르지 아니하리라(요 6:30-35).

이스라엘 백성이 당대의 기적을 모세 시대에 일어난 일과 연결한 것은 옳았다. 그러나 그들은 기적의 핵심을 놓치고 있었는데, 그 표적이 무엇을 가리키고 있는지 놓친 것이다. 예수님은 모세처럼 그저 하나님이 약속하신 떡을 전달만 하는 분이 아니시다. 예수님이 곧 떡이시다. 그리고 예수님은 자신을 그들에게 주시려고 거기 서 계셨다.

이쯤 되면 그들이 예수님께 나아오는 것이, 아니 달려오는 것이 이치에 맞는 행동이었을 것이다. 하지만 그들은 그들(과 우리) 조상의 광야 생활 이야기를 이제 막 읽은 우리에게 아주 익숙한 다른 행동을 했다. 불평을 늘어놓은 것이다.

[예수께서 이르시되] 나는 하늘에서 내려온 살아 있는 떡이니 사람이 이 떡을 먹으면 영생하리라 내가 줄 떡은 곧 세상의 생명을 위한 내 살이니라 하시니라 그러므로 유대인들이 서로 다투어 이르되 이 사람이 어찌 능히 자기 살을 우리에게 주어 먹게 하겠느냐 예수께서 이

르시되 내가 진실로 진실로 너희에게 이르노니 인자의 살을 먹지 아니하고 인자의 피를 마시지 아니하면 너희 속에 생명이 없느니라 내 살을 먹고 내 피를 마시는 자는 영생을 가졌고 마지막 날에 내가 그를 다시 살리리니(요 6:51-54).

이 시점에서 예수님을 따르던 많은 사람이 그분을 거부하고 떠나 버렸다. 그들은 떡이신 예수님이 아니라, 예수님이 주시는 떡만 원했다. 그들이 원하는 삶을 추구하는 데 예수님이 유용하겠다고 생각했지만, 정말로 **그분을** 원하지는 않았다. 예수님이 자신들에게 줄 수 있다고 생각한 것만을 원했다.

이 이야기를 읽으면서 그들 가운데서 우리 모습을 발견할 수밖에 없다. 우리는 예수님이 우리가 원하는 것을 주실 때, 우리가 필요하다고 생각한 것을 주실 때 좋은 삶이 찾아온다고 생각한다. 그리고 예수님은 가버나움에서 이 사람들에게 하셨듯이, 우리에게도 불쾌감을 느낄 정도로 문제를 제기하신다. 예수님은 그분 자신을 우리에게 내어주며 묻고 계신다. "너희는 내 속죄의 죽음을 늘 묵상하며 살아가겠느냐? 내 안에 거하고, 나를 먹고, 나와 교제하겠느냐? 나를 사랑하겠느냐? 네가 갈망하는 것을 좇지 않고, 나를 향한 네 갈망을 키워 가겠느냐?"

어쩌면 우리는 당시의 가버나움 사람들처럼 즉시 그분을 떠나지 않을지는 모른다. 조금 더 예의를 차릴 수는 있겠지만, 우리의 태도와 행동은 이런 말을 암시한다. "예수님, 고맙습니다. 저는 주님을 존경하고 그 제안을 감사하게 생각해요. 하지만 정말로 도움을 주고 싶으시면, 제 은행 계좌를 불려 주거나 제 가족을 늘려 주거나 저에 대한 평판을 좋게 해 주세요." 그러면 예수님은 우리 눈을 똑바로 보며 이렇게 말씀하실 것이다. "아직도 이해하지 못했느냐? 나를 먹고 살지 않으면, 너희는 굶어 죽을 것이다. 하지만 나를 먹고 산다면, 끝이 없는 영원한 내 생명이 다 네 것이 된단다."

예수님이 우리의 위시리스트에 있는 모든 것을 주시고도 우리의 가장 깊은 필요를 채워 주시지 않는다면, 우리가 원하는 것을 쏟아 부어 주시고도 우리에게 정말로 필요한 것은 허락하지 않으신다면, 얼마나 큰 비극인가.

당신의 공허함을 어떻게 채울 것인가?

친구여, 나도 하나님이 당신이 갈망하는 것이 무엇이든 쏟아부어 주시리라고 말할 수 있으면 좋겠다. 하나님이 기적처럼 공급해 주셔서 당신도 만족할 것이라고 말할 수 있으면 좋겠다. 그렇게 말할 사람들도 있을 것이다. 그들은 당신이 믿음이 강하고 제대로 기도하고 제대로 말하기만 하면, 기적을 얻을 것이라고 말할 것이다. 하지만 성경 어디를 보더라도 그 말은 사실이 아니다. 나는 당신이 바라는 시기에, 원하는 방식으로 당신의 욕구가 채워질 것이라고 말해 줄 수 없다. 아무도 그렇게 말하지 못할 것이다.

하지만 이것만큼은 말할 수 있다. 당신이 무언가에 굶주려 있다면, 하나님은 선한 목적을 위해 그 갈망을 허락하고 계신다. 하나님은 당신이 믿는다고 고백한 것을 살아 낼 기회를 주고 계신다. 하나님은 이 세상 것들이 당신을 채워 줄 수 없고, 다만 당신을 노예 삼을 뿐이라는 것을 깨닫게 하셔서 당신을 강하게 만들고 계신다. 하나님은 당신에게 정말 필요한 것, 당신을 정말로 만족시키고 유지해 줄 것, 당신 삶에 지속적인 의미를 불어넣어 줄 수 있는 것을 찾도록 당신의 식성을 다시 훈련하고 계신다. 하나님은 당신에게 속삭이고 계신다. 아니, 어쩌면 당신의 갈망을 향해 소리치고 계실지도 모른다. "너희는 여호와의 선하심을 맛보아 알지어다"(시 34:8).

이 말씀에 마음이 열려 있는가? 아니면, 이 말씀이 공허한 종교적 답변처럼 들려서 당신의 갈망에 아무런 영향을 미치지 못하는가?

누군가 내게 기계적인 답, 내가 제대로 간파했다고 확신하는 영적인 답을 주고 있다는 느낌을 받았던 때가 기억난다. 나는 "성경 읽고 기도하면서 하나님을 가까이하라."라는 흔해 빠진 답, 아무 소용이 없는 답을 또 듣고 있다고 확신했다. 적어도 내게는 그 답이 먹히지 않는다고 생각했다. 당신도 지금 내가 말하는 내용을 판에 박힌 답으로 생각할지 모른다. 전에도 들어 본 적 있지만 해답과는 전혀 거리가 먼 이야기 말이다. 아마도 매일 매시간 그리스도로 먹고 사는 것만큼 영적으로 들리는 일이 당신의 깊은 필요를 해결할 힘이 없다고 생각할 수도 있다.

그건 당신이 이 말씀을 정말로 시도해 본 적이 없기 때문인지도 모른다. 장난삼아 한번 시도해 보긴 했지만, 진정으로 그분을 맛본 적은 없는 것이다. 우리가 "하나님의 입으로부터 나오는 모든 말씀"을 먹고 살기 시작하면(매일 정해진 짧은 본문을 읽는 데 그치지 않고, 긴 분량을 떼어서 숙고하고 이해하고 기도하고 적용하면) 과거처럼 우리의 갈망이 우리를 그렇게 크게 지배하지 않게 된다는 것이 사실이라고, 당신 눈을 보며 말할 수 있으면 얼마나 좋을까. 우리가 넷플릭스나 인터넷 서핑 같은 패스트푸드를 허겁지겁 해치우기보다 예수님이 어떤 분이시며 그분이 과거와 현재와 미래에 우리를 위해 어떤 일을 하셨는지 날마다 곱씹으면서 시간을 보낸다면, 여호와의 선하심을 맛보아 알게 된다. 이 말은 우리가 더는 배고프지 않다는 뜻이 아니라, 우리 식성이 변한다는 뜻이다. 우리는 자신의 취향에 맞는 연회를 얻기 위해 예수님을 사용하는 것이 아니라, 그분이 곧 진정한 연회라는 사실을 발견할 것이다.

당신이 예수님의 순종의 삶을 계속해서 묵상하면, 완벽함과 성과에 대한 욕구가 사라질 것이다. 희생의 죽음을 묵상하면, 하나님의 심판 아래 있는 두려움 가운데 살지 않고 그분과 가까이 교제하는 즐거움을 누릴 것이다. 승리의 부활을 묵상하면서 언젠가 당신에게 주어질 부활의 몸과 천국의 기업과 영생에 소망을 두면, 이 세상이 한정된 물질로 당신을 채워 줄 수 있다고 더는 기대하지 않을 것이다. 아무 생각 없이 성찬에 참여하기보다 주의 만찬에서 함께 떡을 먹고 잔을 마실 때마다 혀끝에서 그 맛을 충분히 음미하면, 앞으로 다가올 더 큰 만찬에 대한 기대감으로 충만해질 것이다. "만군의 여호와께서… 만민을 위하여 기름진 것과 오래 저장하였던 포도주로 연회를 베푸시리니 곧 골수가 가득한 기름진 것과 오래 저장하였던 맑은 포도주로 하실 것이며"(사 25:6).

나는 날마다 그 연회에 걸맞게 내 식욕을 다시 길들일 수 있기를 원한다. 당신도 그렇지 않은가?

요즘은 고단백 혹은 고지방 식단으로 인해 빵이 체중 조절 목표의 적이 되어 버린 시대다. 그래서 예수님이 자신을 생명의 빵이라고 말씀하실 때 사람들은 저탄수화물 식단을 고수해야 한다고 생각할 수도 있다. 그러나 광야의 이스라엘 백성과 가버나움의 이스라엘 백성에게는 빵이 없으면 곧 굶어 죽는다는 뜻이었다. 빵을 거절하면 삶이 조금 약해지는 것이 아니라, 아예 삶이 존재할 수 없었다. 이 빵을 먹거나 굶어 죽거나 둘 중 하나였다.

그러니 친구여, 우리도 마찬가지다. 우리는 예수 그리스도의 인격과 사역인 이 빵으로 살아가거나 세상이라는 광야에서 굶어 죽거나 둘 중 하나다. 다른 어떤 것도 우리의 공허함을 채울 수 없는 정도가 아니라, 다른 어떤 것도 우리 영혼을 살릴 수 없다. 아무것도 우리가 그토록 간절히 바라는 생명을 줄 수 없다.

God Does
His Best Work
with Empty

2.
중심에 있는 장막

임재로 공허함을 채우시는 하나님

가끔은 나도 외롭다고 느낀다.

솔직히, 그렇다고 인정하려니 당황스럽기는 하나. 중고등학교 시절(솔직히 말하자면 대학 시절까지), 학교 식당에서 함께 밥 먹을 사람이 없을 때 느꼈던 불편한 감정이 떠오른다.

객관적으로 내 삶을 들여다본다면, 외로움을 느낄 만한 이유가 전혀 없다. 나를 정말 사랑해 주는 멋진 남편과 좋은 결혼 생활을 유지하고 있고, 우리 집을 찾아올 때마다 나를 웃게 해 주는 장성한 아들이 있으며, 직장에서는 아주 훌륭하고 재미있는 사람들과 일하고 있다. 맛있는 음식을 먹으면서 함께 행복한 시간을 보내는 친한 친구들도 있고, 교회에 가면 나를 챙겨 주고 나를 위해 기도해 주는 많은 형제자매가 있다.

그런데도… 때로는 외롭다고 느낀다.

물론, 외롭다는 느낌과 혼자인 것은 전혀 다르다. 나는 혼자이면서도 전혀 외롭지 않다고 느낄 수 있다. 반대로, 수많은 사람에 둘러싸여 있으면서도 지독한 외로움에 시달린 경험도 적지 않다.

확실히, 외로움에 관한 한 나는 혼자가 아니다. 미국 공중보건위생국장을 지낸 비벡 머시 박사(Dr. Vivek Murthy)는 외로움을 "전염병"이라고 언급했다.[5] 비슷한 맥락에서, 2018년에 영국의 전 총리 테리사 메이(Theresa May)는 "외로움부 장관"을 임명하여 사회적 고립으로 인한 사회 문제와 건강 문제를 해결하고자 했다.[6]

그러나 나는 외로움이 더 나은 보건 정책이나 사회 제도로 해결할 수 있는 문제인지 잘 모르겠다. 사실, 외로움이 정말로 해결할 수 있는 문제인지조차 모르겠다. 어쩌면 외로움은 무슨 수를 써서라도 피해야 할 그런 것이 아닐지도 모른다. 오히려 **외로움은 우리가 큰 대가를 치르면서까지 추구해야 할 무언가**(우리를 만드시고 우리와 함께하시는 하나님과의 친밀한 교제)**로 우리를 인도하는 초대장 역할을 하는지도 모른다.**

우리는 어떤 상황이나 사람이 강요하지 않더라도 우리 편에서 스스로 하나님과 관계를 맺을 정도로 자신이 충분히 영적이라고 생각하고 싶을지도 모른다. 하지만 그런 생각은 자신을 기만하는 것에 지나지 않는다.

깨닫는 자도 없고 하나님을 찾는 자도 없고 다 치우쳐(롬 3:11-12[시 14:2-3을 인용함]).

바울의 말대로 스스로 "하나님을 찾는 자도 없[다]"면, 우리는 무슨 이유로 그분께 관심을 두거나 그분을 바라게 되는 것일까? 우리는 그분이 필요하다. 그분만이 주실 수 있는 것이 필요하다.

물론, 때로는 인간관계야말로 우리에게 가장 필요한 것이라고 생각하기도 한다. 제대로 된 사람을 만나 제대로 된 공동체를 세운다면, 동반자 관계에 대한 우리의 모든 필요가 채워지리라고 생각한다. 하나님과의 관계는 다른 사람들과의 관계와는 전혀 동떨어진 것으로 본다. 종교 영역으로 격하된 것이나, 기분 내키거나 위기 상황일 때 선택할 수 있는 대안 정도로 여긴다.

그러나 우리 개인의 세계를 드나드는 유한한 인간이 관계에 대한 모든 필요를 채워 줄 수 있다고 생각한다면 착각이다. 그 사람들이 얼마나 가깝든, 얼마나 친절하고 한결같든, 그 관계만으로는 부족하다. 우리를 창조하신 분, 우리 영혼을 사랑하시는 분, 우리를 완전히 아시고 끊임없이 완벽하게 사랑하시는 유일한 분과 친밀한 관계를 맺고자 하는 욕구는 항상 있을 것이다. 어쩌면 외로움만이 우리를 그분의 방향으로 생각하고 움직이게 만드는지도 모른다.

어거스틴(Augustine, 아우구스티누스)은 하나님에 관해 이렇게 썼다. "당신께서는 당신을 위해 우리를 지으셨기에 우리 마음은 당신 안에서 안식할 때까지 쉴 수 없습니다."[7] 어거스틴이 하나님이 그분을 "위해" 우리를 지으셨다고 말할 때 그 의미를 그분을 "향하여"라고 번역할 수도 있다. 피터 크리프트(Peter Kreeft)는 "우리는 마치 과녁을 향해 날아가는 화살이나 집으로 날아가는 통신용 비둘기처럼 그분'께' 혹은 그분을 '향하여' 혹은 그분 '쪽으로 움직이며' 존재한다."[8]라고 썼다.

이 말이 사실이라면, 외로움은 우리를 그분의 집으로 부르며 구애하시는 하나님의 속삭임이다.

하지만 이 모든 내용은 (적어도 내 머릿속에는) 한 가지 질문을 불러일으킨다. 왜 하나님은 유한한 존재에 불과한 우리와 굳이 관계를 맺고 싶어 하실까? 성경은 하나님에 대한 중요한 사실을 알려 주는데, 솔직히 나도 가끔은 그 사실이 믿어지지 않는다. 성경은 **하나님이 우리와 함께하기를 원하신다**고 말한다.

하나님은 우리를 선택하시고, 쫓아오시고, 구원하시고, 거룩하게 하신다. 그 이유는… 우리와 **함께하기**를 원하시기 때문이다. 우리는 우리가 하나님을 위해 무엇을 **성취할** 수 있느냐를 하나님의 일하심으로 생각하곤 한다. 하지만 그런 생각은 그분의 마음과 목적을 오해한 것이다. 우리 삶에서 하나님의 일하심이란 우리가 그분과 **함께하기**를 원하시는 그분의 바람을 반영한다.

하나님이 우리에게 구애하시는 이유는 그분의 필요를 채우시기 위해서가 아니다. 하나님께는 아무것도 필요 없다.[9] 하나님은 완전하신 분이다. 외롭지 않으시다. 하나님은… 사랑이시다. 성부, 성자, 성령 삼위일체 하나님의 위격은 서로 완벽한 교제 가운데 영원히 존재하셨고, 우리를 그 교제로 초대하신다. 성부 하나님은 우리를 택하시고 성령 하나님은 우리를 성자 하나님과 하나 되게 하셔서, 우리보다 영원히 앞서시고 우리 위에 무한히 계시지만 진정으로 우리를 위하시는 이 거룩한 사랑 가운데 환영받게 하신다.

우리를 위한 이 하나님의 사랑이 우리와 함께하시고자 하는 그분의 열망에서 비롯되었다는 것을 우리는 어떻게 알 수 있는가? 그 답이 성경 이야기의 처음부터 끝까지 잘 드러나 있다. 이 이야기를 우리가 더 많이 알고 적용할수록 이 이야기는 우리로 인생에서 하나님의 임재를 더 많이 경험하게 하는 힘을 갖게 되고, 외로움의 아픔은 조금씩 누그러질 것이다.

우리와 함께하시려고 동산으로 내려오신 하나님

성경은 하나님이 그분의 형상대로 창조하신 존재들과 함께 누리려고 만드신 집 혹은 안식처인 에덴동산 이야기로 시작된다. 거기서 아담과 하와는 그들과 함께하시는 하나님의 임재를 누리고 있었다. 죄가 들어와서 하나님을 피해 숨기 전까지는…. 창세기 3장은 하나님이 내려오셔서 그 백성 가운데 거하시는 것을 성경에서 처음으로 보여 주는 이야기다. 이 이야기에서 우리는 하나님의 임재에 관해 아주 중요한 사실을 발견한다. **하나님이 내려오실 때는 완벽한 모습으로 내려오신다**는 것이다. 하나님의 사랑은 완벽하다. 하지만 그분의 거룩하심과 공의도 완벽하다. 이 시점까지 그분의 거룩하심은 아담과 하와에게 아무런 문제가 되지 않았지만, 이제 그들은 그 거룩하심에 반해 죄를 지었다. 하나님은 그 백성과 함께하기를 간절히 바라시는 만큼이나 그분 앞에 있는 죄와 그 부패함을 견디지 못하신다. 그래서 성경 이야기는 시작하자마자 빙 돌아가게 되었고, 인류는 하나님의 임재에서 더 멀어져 버렸다.

하나님이 심판하러 내려오시면서 성경 이야기는 여기서 끝날 수도 있었다. 심판으로 내려오신 하나님은 동시에 자비로 내려오셨다. 아담과 하와에게 동물 가죽으로 옷을 입히시고 그들의 수치심을 가려 주셨다. 하나님은 그들을 유혹한 뱀에게 약속하셨다. 언젠가 아담과 하와의 후손이 그의 머리를 상하게 하여 그의 악을 멈추고, 하나님과 그 백성의 소원해진 관계를 회복할 것이라고 말씀하신다 (창 3:15 참조).

비록 아담과 하와는 에덴동산에서 누리던 하나님의 임재로부터 쫓겨났지만, 자기 백성과 함께하시겠다는 하나님의 의도에는 변함이 없었다. 오히려 하나님은 그 백성을 그분의 임재 가운데 회복하려는 그분의 계획을 실행하기 시작하셨다. 우선, 그분은 한 사람을 부르셔서 그가 아는 모든 것과 모든 사람을 떠나 아무도 모르는 새로운 땅으로 가라고 명령하셨다. 놀랍게도, 그는 그 명령을 따랐다. 그곳에서 하나님은 그 백성을 향해 눈에 보이는 발걸음을 내디디셨다. "여호와께서 아브람에게 나타나… 그가 그곳에서 제단을 쌓고"(창 12:7). 하나님은 아브라함에게 놀라운 약속을 하셨다. 하나님이 그를 위해 어떤 일을 하시고(그를 위대하게 만들고 후손과 땅을 주겠다) 어떻게 그를 사용하실지(그를 통해 땅의 모든 가족에게 복 주겠다)뿐만 아니라, 하나님이 그에게 어떤 존재가 되실지까지 말씀하셨다. "내가 내 언약을 나와 너 및 네 대대 후손 사이에 세워서 영원한 언약을 삼고 너와 네 후손의 하나님이 되리라"(창 17:7).

하나님이 아브라함에게 말씀하신 내용에서 친밀함을 눈치챘는가? 하나님은 그저 "내가 하나님이 되리라"라고 말씀하시지 않고, "내가 [항상] **너의** 하나님이 되리라"라고 말씀하셨다. 이는 개인적이고 인격적인 표현이다. 이후로 하나님은 아브라함의 후손에게 이 임재의 약속을 반복해서 말씀하셨다. "내가 너와 함께 있을 것이다"(창 26:3; 출 3:12; 수 1:5; 삿 6:16; 왕상 11:38; 사 43:2 참조).

가뭄 때문에 먹을 것을 찾아 애굽으로 간 아브라함의 후손은 72명이었다. 400년 후에 모세가 이스라엘 백성을 이끌고 애굽에서 탈출했을 때는 200만 명이 넘는 민족이 되어 있었다. 시내산에 내려오신 하나님은 이스라엘 백성이 그분이 주신 땅에 들어가서 어떻게 살아야 할지를 돌판에 적어 주셨다. 그들은 홀로 그 땅에 들어가지 않을 것이다. 하나님이 그들과 함께, 그들 가운데 살기로 작정하셨다.

하나님이 말씀하셨다. "나는 너희 중에 행하여 너희의 하나님이 되고 너희는 내 백성이 될 것이니라"(레 26:12).

우리와 함께하시려고 장막으로 내려오신 하나님

시내산에서 하나님은 모세에게 장막의 청사진도 주셨다. 그 백성은 광야에서 장막 생활을 했는데, 하나님은 그들과 함께하기를 원하셨다. 그래서 하나님은 구체적인 설명서를 주시면서 그들이 그분을 위해 아주 특별한 장막, 곧 성막을 짓게 하셨다.

출애굽기를 읽어 보면, 이 장막의 설계와 건축을 세세히 설명하는 데 얼마나 많은 내용을 할애하는지 조금은 의아할 정도다(출 25-31장 참조). 이 이야기를 읽으면 이 장막이 하나님께 아주 중요하다는 것을 알 수 있다. 왜일까? 그 백성과 함께하는 것이 하나님께 중요하기 때문이다. 하나님은 그 백성의 삶 한가운데 계시고자 했기에 진영 한가운데 있는 장막에서 살고자 하셨다.

성막을 완공하고 모든 기구와 휘장을 배치하고 나자, 다음과 같은 일이 벌어졌다.

구름이 회막에 덮이고 여호와의 영광이 성막에 충만하매 모세가 회막에 들어갈 수 없었으니 이는 구름이 회막 위에 덮이고 여호와의 영광이 성막에 충만함이었으며… 낮에는 여호와의 구름이 성막 위에 있고 밤에는 불이 그 구름 가운데에 있음을 이스라엘의 온 족속이 그 모든 행진하는 길에서 그들의 눈으로 보았더라(출 40:34-35, 38).

이스라엘 백성은 낮에는 성막 위 구름으로 지성소에 거하시는 하나님을, 밤에는 진영 가운데서 하나님의 불같은 임재를 볼 수 있었다. 구름이 움직일 때마다 온 진영이 함께 이동했다. 40년 광야 생활 후에 그들은 가나안 땅으로 들어갔다. 거기서 하나님은 그들의 하나님으로 영원히 그들 가운데 살 작성이셨다.

수 세대가 지나 솔로몬은 하나님이 영구히 거하실 예루살렘 성전을 지었다. 성전은 성막과 기본 설계는 같았고, 최고의 장인이 최고의 자재로 지었다. 이번에도 성전을 완공하고 언약궤가 성소에 들어가자, 다음과 같은 일이 벌어졌다.

제사장이 성소에서 나올 때에 구름이 여호와의 성전에 가득하매 제사장이 그 구름으로 말미암아 능히 서서 섬기지 못하였으니 이는 여호와의 영광이 여호와의 성전에 가득함이었더라 그때에 솔로몬이 이르되 여호와께서 캄캄한 데 계시겠다 말씀하셨사오나 내가 참으로 주를 위하여 계실 성전을 건축하였사오니 주께서 영원히 계실 처소로소이다 하고(왕상 8:10-13).

솔로몬은 성전 지성소에서 그 백성 가운데 계신 하나님의 임재를 찬양하고, 하나님이 거기서 영원히 사시기를 기도했다. 예루살렘 성읍 중앙에 있는 그들의 아름다운 성전에 유일하신 참 하나님이 눈에 보이게 임재하신다니 얼마나 놀라운가!

그러나 하나님이 그 백성 가운데 임재하시려는 계획은 이것이 전부가 아니었다. 물론, 그분은 거기서 그들 가운데 계셨지만, 평범한 이스라엘 백성은 하나님을 볼 수 없었다. 임명된 제사장들만이 성전의 성소에 들어갈 수 있었고, 오로지 한 사람, 곧 대제사장만 하나님이 거하시는 지성소에 들어갈 수 있었다. 그리고 하나님은 1년에 한 번만 오셨다.

하나님과 그 백성 사이에는 여전히 엄청난 거리와 장벽이 있었다. 확실히 하나님은 더 친밀하게 그 백성 가운데 살기를 원하셨다. 이스라엘 백성이 그분을 보고 가까이 만날 수 있기를 원하셨다.

그분은 그렇게 하셨고, 지금도 그리하신다.

우리와 함께하시려고 육신을 입고 내려오신 하나님

사도 요한의 표현대로 "말씀이 육신이 되어 우리 가운데 거하시[는]"(요 1:14) 날이 왔다. 혹은 사도 바울은 같은 내용을 이렇게 표현했다.

그는 근본 하나님의 본체시나 하나님과 동등 됨을 취할 것으로 여기지 아니하시고 오히려 자기를 비워 종의 형체를 가지사 사람들과 같이 되셨고(빌 2:6-7).

구름이나 불의 형태가 아니라 사람의 몸으로 하나님이 내려오셨다. 우리와 같은 사람으로 세상에 오신 것은 그 백성과 함께하시려는 그분의 계획을 한 단계 더 실행하신 것이었다.

죄인인 우리가 하나님의 임재 가운데 살 수 있으려면, 죄 문제를 해결해야 했다. 우리는 하나님의 완벽한 사랑에 대해 생각하기 좋아한다. 그러나 하나님은 완벽한 사랑만 가지신 것이 아니라, 완벽한 정의와 완벽한 거룩하심을 가지고 계신다. 그분은 완벽하게 정의로우신 분이기에 우리 죄를 처벌하셔야만 한다. 그분은 완벽하게 거룩하신 분이기에 우리 죄를 제거하셔야만 한다. 그래서 예수님이 오셨다. 그래서 예수님이 십자가에서 숨을 거두실 때 성선 휘장이 위에서 아래로 갈라졌다. 예수님이 우리 죄의 형벌을 가져가셔서 하나님과 우리 사이의 장벽을 무너뜨리셨다.

예수님은 십자가에서 우리가 받아야 할 형벌만 가져가신 것이 아니라, 우리가 받아야 할 버림받음도 경험하셨다. 최악의 외로움을 느끼는 순간에도 우리는 예수님과 동행하고 교제할 수 있는데, 그분도 외로움을 경험하셨기 때문이다. 예수님은 십자가에서 "나의 하나님, 나의 하나님, 어찌하여 나를 버리셨나이까"라고 크게 소리 지르셨다(마 27:46; 막 15:34). 나와 당신이 버림받지 않도록, 홀로 되지 않도록 하시려고 예수님이 외로움의 고통을 겪으셨다.

예수님이 죽으시고 부활하신 이후에는 성전에 휘장만 필요 없어진 것이 아니라, 성전 자체가 필요 없어졌다. 하나님은 더는 땅에 내려와 석조 건물의 가로세로 4.5미터 방에 갇혀 계실 계획이 없으셨다. 이제 그분은 그 백성 **가운데** 거하실 뿐 아니라, 그 백성 **안에** 거하실 것이다.

우리와 함께하시려고 성령으로 내려오신 하나님

예수님은 부활하시고 나서 40일 후에 하늘로 올라가셨다. 한동안, 그분을 사랑한 모든 사람이 생각하기에 그분은 영영 떠나 버리신 듯했다. 예수님은 제자들에게 아버지가 약속하신 선물을 보내 주실 때까지 예루살렘에 남아 있으라고 말씀하셨다. 그런데….

오순절 날이 이미 이르매 그들이 다 같이 한곳에 모였더니 홀연히 하늘로부터 급하고 강한 바람 같은 소리가 있어 그들이 앉은 온 집에 가득하며 마치 불의 혀처럼 갈라지는 것들이 그들에게 보여 각 사람 위에 하나씩 임하여 있더니 그들이 다 성령의 충만함을 받고 성령이 말하게 하심을 따라 다른 언어들로 말하기를 시작하니라(행 2:1-4).

이전 세대가 성막과 성전에 거하러 내려오신 하나님의 불같은 임재를 보았듯이,[10] 이날에 모인 사람들은 **그들** 안에 거하러 내려오신 하나님의 불같은 임재를 목격했다. 그전에는 평범한 신자들이 이런 식으로 하나님의 임재를 경험해 본 적이 없었다. 확실히 그 순간에 제자들은 예수님이 십자가에 돌아가시기 전날 밤 다락방에서 하신 말씀을 기억했을 것이다.

> 내가 아버지께 구하겠으니 그가 또 다른 보혜사를 너희에게 주사 영원토록 너희와 함께 있게 하리니 그는 진리의 영이라 세상은 능히 그를 받지 못하나니 이는 그를 보지도 못하고 알지도 못함이라 그러나 너희는 그를 아나니 그는 너희와 함께 거하심이요 또 너희 속에 계시겠음이라(요 14:16-17).

당신과 나는 하나님의 영이 그리스도를 믿는 사람들 안에 실기 위해 내려오셔서 눈에 보이게 나타나신 그날, 구속사에서 역사적인 그날 그 자리에 없었다. 하지만 우리 삶에 나타난 성령님의 임재도 그만큼이나 실제적이다. 당신이 믿음으로 그리스도와 하나가 되었다면, 당신을 영적으로 살리기 위해 성령님이 당신 안에서 역사하셨기 때문이다(그것을 거듭남이라고 한다). 성령님은 당신을 그리스도에게 묶고 그분과 연합하게 하여 그 일을 하셨다.

우리는 그리스도인이 되는 것을 우리가 내린 결정이나 경험한 의

식의 관점에서 이야기하는 경향이 있다. 그러나 성경은 우리의 구원과 확신을 주로 그리스도와의 연합의 관점에서 이야기한다. 예수님은 우리에게 회개하고 믿으라고 요청하신다(막 1:15 참조). 그리고 우리가 인간의 유한한 지식을 초월하여 회개와 믿음을 통해 그렇게 할 때 십자가에 못 박히시고 부활하시고 영원히 살아 계신 예수 그리스도와 **영적으로도 육체적으로도** 연합하게 된다. 성령님이 우리를 그리스도와 묶으시고 그리스도 안에 우리를 인치셔서, 우리는 절대 그분과 떨어질 수 없다.

우리가 이 연합을 이해하도록 돕기 위해 성경에서 사용하는 생생한 이미지를 떠올려 보자. 예수님은 포도나무이시고 우리는 가지다(요 15:5 참조). 예수님은 머리이시고 우리는 그리스도의 지체다(고전 6:15-19 참조). 그리스도는 기초이시고 우리는 그 기초 위에 세워진 살아 있는 돌이다(벧전 2:4-5 참조). 그리스도는 신랑이시고 우리는 그분과 영원히 한 몸을 이룬 신부다(엡 5:25-31 참조).

성령님은 우리를 그리스도와 하나 되게 하시고, 우리 안에 그리스도와 교제하고자 하는 갈망을 심어 주신다. 이는 당신이 느끼는 외로움이 사실은 당신의 진정한 연인과 더 큰 친밀감을 추구하게 만드는 성령님의 역사일 수도 있다는 뜻이다. 우리는 외로운 시간 덕분에 그리스도와 친밀한 관계를 누릴 준비를 할 수 있다.

많은 사람, 어쩌면 대부분의 사람은 자신의 한계에 다다랐을 때, 돌파구가 필요할 때 그리스도와의 교제를 찾게 된다. 때로 우리는 주변에서 하나님의 일하심을 더 많이 깨달으면서 애정과 순종이 깨어나 이런 성장을 경험한다. 혹은 날마다 기도와 성경 공부를 통해 주님이 가까이 계심을 지속해서 느끼면서 조금 더 평범하지만, 똑같이 초월적인 경험을 하기도 한다.

다른 누구보다 더 우리를 잘 아시는 분과 대화하면서 우리는 그분과 교제하고 우리의 외로움을 달랜다. 그분은 우리 삶에 늘 함께하셨고, 앞으로도 늘 함께하실 것이다. 그분께는 무엇이든, 우리의 모든 문제를 말씀드릴 수 있다. 그리고 놀랍게도, 그분은 무엇이든, 우리의 모든 문제를 듣기 원하신다. 주님은 기도를 통해 그분과 친밀하게 만나는 비밀스러운 장소로 우리를 끊임없이 부르고 계신다. 거기서 우리는 기계적인 기도를 넘어서서 깊은 대화로 들어갈 수 있다. 우리는 아침에 일어나자마자 처음 드는 생각으로 그분을 초대하는 습관을 개발하면서 그분의 임재를 연습하는 법을 배운다. 침대에서 몸을 일으키기도 전에, 또 다른 하루를 그분과 함께한다는 생각에 미소 지으면서 우리는 그분과 인사를 나눈다. 온종일 일상의 일을 하면서, 그분과 계속해서 대화한다. 결정이 필요한 때 그분께 의견을 여쭙고, 베풀어 주신 친절에 감사하며, 우리의 필요를 채워 달라고 요청한다. 그리고 텔레비전이나 스마트폰 화면에 있는 누군가와 하루의 마지막 대화를 나누는 대신, 우리가 쉴 때도 그분이 우리 곁에 계시면서 밤새도록 안전하게 지켜 주신다는 사실을 의식하면서 잠든다.

이것이 바로 하나님의 임재를 경험하고 연습한다는 의미다.

우리가 이렇게 그분의 임재를 연습할 때 **진정으로** 그분의 임재를 경험한다. 하지만 아직은 그 임재를 완전하거나 온전하게 경험하지 못한다. 그 완전하고 온전한 교제는 나중을 기약해야 한다.

우리와 얼굴을 마주 보고 함께하시려고 다시 오실 하나님

성경 이야기 전반에 점진적으로 나타난, 우리와 함께하시려는 하나님의 바람이 실현될 그날이 오고 있다. 우리는 영원히 그분과 함께 살 것이다. 하나님은 그날이 어떤 모습일지 사도 요한에게 미리 보여 주셨다. 그는 이렇게 기록한다.

내가 들으니 보좌에서 큰 음성이 나서 이르되 보라 하나님의 장막이 사람들과 함께 있으매 하나님이 그들과 함께 계시리니 그들은 하나님의 백성이 되고 하나님은 친히 그들과 함께 계셔서 모든 눈물을 그 눈에서 닦아 주시니 다시는 사망이 없고 애통하는 것이나 곡하는 것이나 아픈 것이 다시 있지 아니하리니 처음 것들이 다 지나갔음이러라(계 21:3-4).

하나님의 임재가 얼마나 인격적으로 드러나는지에 주목하자. 그

분은 손을 내밀어 우리 눈물을 닦아 주신다. 하나님은 그 어떤 사람보다도 더 우리와 가까이 계시고 우리에게 실재하실 것이다. 요한은 우리가 "그의 얼굴을 볼 터이요 그의 이름도 그들[우리]의 이마에 있으리라"(계 22:4)라고 쓴다. 얼굴과 얼굴을 맞대고 나누는 대화, 눈을 마주치는 관계, 영원한 공감, 끝이 없는 교제다.

하나님은 한가운데, 하늘나라의 중앙에 계셔서 우리의 주목과 애정을 한 몸에 받으실 것이다.

외로운 밤도, 외로운 날도 더는 없을 것이다. 외로움은 이제 없을 것이다.

그때까지 우리에게 내주하는 성령님이 계셔서 우리가 기도할 때 들으시고, 그분의 말씀이 계셔서 그 말씀을 통해 우리에게 말씀하시고 가르치시고 훈련하시고 위로하시고 명령하신다. 하나님의 말씀을 통해 우리는 이생에 존재할 수밖에 없는 외로움에 대처할 수 있게 된다.

밤낮으로 외로움에 사무치는 때 하나님은 우리와 함께하시는 그분의 임재를 기억할 수 있도록 우리에게 노래를 주셨다. 우리는 별빛 아래 앉아서나 하나님이 창조하신 광활한 세계를 서서 바라보면서 다음 시편 기자의 고백을 노래하거나 말할 수 있다. 이 모든 내용을 음미하면서 그 이미지가 우리 영혼에 새겨질 수 있도록 말이다.

내가 주의 영을 떠나 어디로 가며 주의 앞에서 어디로 피하리이까 내가 하늘에 올라갈지라도 거기 계시며 스올에 내 자리를 펼지라도 거기 계시니이다 내가 새벽 날개를 치며 바다 끝에 가서 거주할지라도 거기서도 주의 손이 나를 인도하시며 주의 오른손이 나를 붙드시리이다 내가 혹시 말하기를 흑암이 반드시 나를 덮고 나를 두른 빛은 밤이 되리라 할지라도 주에게서는 흑암이 숨기지 못하며 밤이 낮과 같이 비추이나니 주에게는 흑암과 빛이 같음이니이다… 하나님이여 주의 생각이 내게 어찌 그리 보배로우신지요 그 수가 어찌 그리 많은지요 내가 세려고 할지라도 그 수가 모래보다 많도소이다 내가 깰 때에도 여전히 주와 함께 있나이다(시 139:7-12, 17-18).

공허한 외로움 가운데서, 하나님은 우리가 이 세상에서 찾을 수 있는 그 어떤 관계보다도 더 큰 것을 위해 창조되었다고 우리에게 일깨워 주고 계신다. 우리에게 사랑을 고백하고 계신다.

God Does
His Best Work
with Empty

3.
간절한 필요

은혜로 공허함을 채우시는 하나님

언젠가, 사람은 누구나 하나님에 대해 어두운 생각을 품을 수 있다고 말하는 설교를 들은 적이 있다. 처음에는 그 말에 냉소적으로 반응했다. 그런 생각을 적극적으로 거부했다. 어렸을 때부터 성경 말씀에 대한 기억이 가득한 나로서는, 내게는 하나님을 존경하고 사랑하는 마음밖에 없다고 생각하고 싶었다.

그러나 그 설교자가 옳았다는 것을 알게 되었다. 우리는 본능적으로 하나님께 가장 좋은 것을 기대하지 않는다. 오히려 그분을 약간 의심한다. 하나님이 우리를 영원히 행복하게 하시기보다는 비참하게 만들기 원하신다고 여긴다. 살다가 최악의 상황을 만날 때 이렇게 반응하곤 한다. "이럴 줄 알았지…. 결국 이렇게 될 줄 알았다고." 하나님이 우리를 사랑하시기보다 잔인하게 대하신다는 생각을 너무 쉽게 하고 만다.

성경은 하나님이 잔인하시다는 생각을 품는 정도가 아니라 그렇게 확신하게 된 한 여성의 이야기를 들려준다. 그 이야기를 담은 책에 그녀의 이름이 제목으로 쓰이지 않은 것이 놀랍다. 이 책은 그 여성이 만난 위기로 시작되어 그녀의 위기가 해결되면서 끝나기 때문이다.

룻기는 룻이 아니라 나오미에서부터 시작한다. 룻기 앞부분은 나오미가 살던 시대와 장소에 대해 말해 준다. 책의 첫 줄은 나오미가 사사들이 치리하던 때에 베들레헴에 살고 있었다고 설명한다. 그때는 가나안에 살던 이스라엘 열두 부족을 다스리는 왕이 없던 시대였다. 룻기 바로 앞 책의 마지막 줄은 "그때에 이스라엘에 왕이 없으므로 사람이 각기 자기의 소견에 옳은 대로 행하였더라"(삿 21:25)라고 말한다. 사람들은 모두 자기 좋을 대로 행동했고, 이스라엘 백성의 삶은 어둡고 위험한 시대였다.

이 시기에 하나님 백성은 가증스러운 일들을 반복해서 저질렀다. 하나님이 그들을 훈계하시려고 기근이나 침략자를 보내시면, 백성은 하나님께 살려 달라고 애원하곤 했다. 그리고 룻기가 시작될 무렵, 유다 베들레헴 백성은 틀림없이 그런 연단의 시기를 겪고 있었다. 흉년이 들었던 것이다.

그 땅의 흉년

어떤 상황이었을지 잠시 생각해 보자. 나는 흉년 비슷한 것도 경험해 본 적이 없다. 내가 겪은 어려움이라고 해 봐야 어떻게 하면 주변에 널린 다양한 음식을 조금 덜 먹을 수 있을까 하는 것이었으니, 매일 굶주린 채 잠들었다 깨어나는 삶이 어떤 것인지 상상조차 하기 힘들다.

이런 굶주림, 절실한 필요 때문에 베들레헴에 살던 한 가족은 언뜻 봐서는 그다지 충격적이지 않은 결정을 내리게 되었다. 오히려 우리가 보기에는 굉장히 합리적인 결정 같다. 그들은 이주를 결심했다.

유다 베들레헴에 한 사람이 그의 아내와 두 아들을 데리고 모압 지방에 가서 거류하였는데 그 사람의 이름은 엘리멜렉이요 그의 아내의 이름은 나오미요 그의 두 아들의 이름은 말론과 기룐이니 유다 베들레헴 에브랏 사람들이더라 그들이 모압 지방에 들어가서 거기 살더니(룻 1:1-2).

그들은 흉년이 든 땅을 떠나 먹을 것이 있을 만한 곳으로 이주했다. 요즘에는 이사가 그리 어렵지 않다. 하지만 당시는 독특한 시대와 장소와 사람들이었다. 나오미와 그 가족이 떠나기로 한 땅은 약속의 땅, 하나님이 그 백성에게 주신 땅, 그분이 그들과 함께하시고 복 주겠다고 약속하신 땅이었다. 엘리멜렉과 그의 아내와 두 아들은 이 땅을 떠나서 다른 어느 곳도 아닌 모압 지방으로 가려 했다. 수 세기 전에 롯과 그 딸의 근친상간으로 세워진 모압은 다른 신들을 섬겼고(삿 10:6 참조), 얼마 전까지만 해도 18년간 이스라엘 백성을 억압하고 종으로 삼았다(삿 3:14 참조).

이 선택은 주변 사람들에게 큰 충격을 주었을 것이다. 이스라엘 사람들은 그들에게 이렇게 말하고 싶었을지도 모른다. "그러지 마세요! 가지 마세요! 하나님께 회개하세요! 하나님께 비를 내려 달라고 간구하세요! 하나님이 여러분을 구하시고 필요한 것을 주시리라 믿으세요! 하나님이 자기 백성에게 복 주겠다고 약속하신 곳을 떠나 하나님 이외에 다른 해결책을 찾지 마세요."

그러나 나오미 가족은 하나님의 땅을 떠났을 뿐 아니라, 거기서 아주 먼 곳에 자리를 잡았다. 아들들은 모압 여인과 결혼했다. 그러나 자신을 보호하기 위한 합리적인 방법으로 보였던 그 선택은 전혀 그들을 보호해 주지 못했다. 얼마 못 가 모압 지방 비석에 이 가족의 이야기가 새겨졌다. 엘리멜렉이 먼저 죽고 나오미는 이방 땅에서 과부가 되었다. 다음에는 두 아들 말론과 기룐이 죽었다. 나오미는 어떻게든 살아 보려고 가족과 모압으로 이주했지만, 하나님과 하나님의 백성과 멀리 떨어진 채 아무런 보호도, 공급원도, 미래도 없이 홀로 남았다.

베들레헴에 내려온 은혜

그런데 이 끔찍하게 슬픈 상황에 한 줄기 희망이 비쳤다. "여호와께서 자기 백성을 돌보시사 그들에게 양식을 주셨다"라는 말이 나오미에게 당도했다(룻 1:6). 베들레헴 들판에 비와 작물의 모습으로 은혜가 내렸고, 나오미는 그 은혜에 동참하고 싶었다. 그래서 짐을 싸서 두 며느리와 함께 고향으로 향했다. 이야기의 이 시점에서 '**돌아오다**'라는 단어가 반복되기 시작한다. 나오미는 하나님이 복을 주겠다고 약속하신 장소와 사람들에게로 돌아가려 했다. 하나님의 이야기에서 돌이키거나 돌아가는 것은 항상 사람들에게 좋은 일이 일어나기 시작하는 징조인데, 여기서도 예외가 아니다.

돌아오는 길에 나오미는 며느리들에게 모압에 있는 가족에게 돌아가라고 했다. 이스라엘에서 모압 여인은 그리 환영받지 못할 것을 알았기 때문이나. 모압 사람들은 원수와 외부인으로 여겨지고, 결혼 기회도 희박할 것이다. 그러나 모압으로 돌아간다면, 남편을 찾아 자녀를 낳고 가정을 꾸릴 수 있을 것이다. 더군다나, 나오미는 하나님이 자신을 버리셨다고 확신했기에 룻과 오르바가 함께 가더라도 좋은 것은 전혀 기대할 수 없을 것이라고 말했다. "여호와의 손이 나를 치셨으므로 나는 너희로 말미암아 더욱 마음이 아프도다"(룻 1:13).

이야기의 결말을 이미 아는 우리는 이렇게 말하고 싶다. "아, 나오미, 하나님의 손은 당신을 치지 않았어요. 하나님의 손이 당신 삶에 역사하고 계십니다. 하나님은 당신이 상상하기 힘들 정도로 큰 복을 주실 곳으로 당신을 인도하고 계세요. 그분이 허락하신 며느리가 그 축복의 통로가 될 거예요. 그저 지금은 당신 이야기의 결말이 아직 보이지 않을 뿐이에요."

두 며느리 중에 오르바는 나오미의 조언을 받아들여 모압으로 돌아가기로 했지만, 룻은 흔들리지 않았다. 이스라엘의 하나님과 그 백성에게 복 주시겠다는 그분의 약속에 대해 들은 룻은 슬픔에 빠진 시어머니와 시어머니의 하나님을 따르기로 했다. 하나님은 이 고귀한 며느리를 통해 나오미의 필요를 채워 주시려고 일하고 계셨다. 나오미의 눈에 보이지 않았을 뿐이다. 나오미의 옛 친구들도 보지 못했다. 두 사람이 베들레헴에 이르렀을 때 나오미의 옛 친구들은 그녀를 알아보지 못했고, 함께 온 모압 여인에 대해서는 일언반구도 없었다. 마치 룻을 투명 인간 취급했다.

나오미는 성읍 사람들에게 "나를 나오미라 부르지 말[라]"라고 했다. '기쁨'이라는 뜻의 '나오미'라는 이름은 그녀에게 잔인한 농담과도 같았다. "나를 마라라 부르라 이는 전능자가 나를 심히 괴롭게 하셨음이니라 내가 풍족하게 나갔더니 여호와께서 내게 비어 돌아오게 하셨느니라 여호와께서 나를 징벌하셨고 전능자가 나를 괴롭게 하셨거늘 너희가 어찌 나를 나오미라 부르느냐"(룻 1:20–21).

나오미는 하나님의 주권과 정의를 확실히 믿었다. 그녀는 자기 삶에 벌어진 일들을 하나님이 하신 일로 보았지만, 고통 가운데서 하나님의 은혜나 친절은 기대하지 않았다. 나오미의 삶에 벌어진 비극은 하나님이 자신을 버리셨다는 증거였고, 그녀는 하나님에 대해 매우 어두운 생각을 품게 되었다. 어쩌면 나오미는 법정에서 그녀에게 불리한 증언을 하시는 하나님을 상상해 보았는지도 모르겠다. 마치 이렇게 말씀하시는 것처럼 말이다. "이 여자는 내 땅을 떠났고 내 약속을 저버렸으니 좋은 것을 받을 자격이 없다. 고통을 받아도 싸다."

하나님은 우리가 받을 자격이 있는 것, 선행이나 악행을 통해 우리가 획득한 것을 주신다는 것이 나오미의 세계관이었다. 그것은 욥의 친구들이 가졌던 생각과 비슷했다. 그들은 고통받는 욥을 보면서 그가 마땅히 받아야 할 대가를 받고 있다고 생각했다. 나오미와 욥의 친구들은 순종에는 축복을, 불순종에는 저주를 약속한 모세 율법에 근거한 생각과 기대감이 있었다. 그러나 실제로는 성경의 처음부터 끝까지 하나님은 그 백성에 받을 자격이 없는 것을 반복해서 주시는 것을 볼 수 있다. 그것이 은혜다. 우리는 공정한 세상을 바라지만, 그것은 우리가 정말로 바라는 것이 아니다. **완벽하게 공정한 세상에는 은혜의 여지가 없다. 받을 자격이 없는 것을 얻을 수 없다. 과분한 호의, 하나님의 은혜야말로 우리 삶을 규정하는 가장 중요한 요소다.**

외부인에게 확장된 은혜

나오미는 분명히 은혜를 기대하지 않았던 것 같다. 그런데 놀랍게도 룻은 달랐다. 베들레헴에서, 아마도 엘리멜렉과 나오미가 오래전에 떠나왔던 낡은 움막 입구에서, 룻은 나오미에게 "밭으로 가서 내가 누구에게 은혜를 입으면 그를 따라서 이삭을 줍겠나이다"라고 말했다(룻 2:2). 룻은 베들레헴 밭에서 '은혜'를 기대하며 문밖을 나섰다. 그녀는 이스라엘 하나님의 율법에 이방인과 거류민을 위한 규정이 있다는 것을 알았다. 그들은 추수가 끝난 후에 밭모퉁이에 남은 이삭을 얼마든지 주울 수 있었다(레 19:9-10 참조). 그래서 룻은 자신이 모을 수 있는 것을 얻기 위해 나섰다.

룻기 저자는 "**우연히** 엘리멜렉의 친족 보아스에게 속한 밭에 이르렀더라"(룻 2:3)라고 말하면서 독자들과 함께 약간의 재미를 느끼고 있다. 물론 이 일은 단순한 우연이 아니었다. 하나님의 손이 역사하셔서 룻을 이 특정한 밭으로 인도하셨다. 밭의 소유주는 "사람이 각기 자기의 소견에 옳은 대로 행하[던]"(삿 21:25) 당대 수많은 사람 중에서도 특출나게 경건한 사람이었다. 보아스는 하나님 보시기에 옳은 일에 관심이 많았다. 우리는 그가 자기 밭의 외국인에게도 옳은 일을 하고자 하는 모습을 보게 될 것이다.

자기 땅에 도착한 보아스는 밭모퉁이에서 이삭을 줍고 있는 낯선 여인에 관해 물었다. 일꾼들이 나오미와 함께 베들레헴으로 돌아온 룻이라고 알려 주자, 보아스는 룻이 시어머니를 잘 보살핀 이야기를 들은 것을 기억했다. 사환은 룻을 가리키며 무심하게 "모압 소녀"라고 했지만, 보아스는 그녀를 "내 딸"이라고 불렀다. 그는 룻을 책임질 생각인 것 같았다. 우리는 그가 의도적으로 룻에게 친절을 베푼 것을 곧장 알아차릴 수 있다.

보아스가 룻에게 말했다. "내 딸아 들으라 이삭을 주우러 다른 밭으로 가지 말며 여기서 떠나지 말고 나의 소녀들과 함께 있으라 그들이 베는 밭을 보고 그들을 따르라 내가 그 소년들에게 명령하여 너를 건드리지 말라 하였느니라 목이 마르거든 그릇에 가서 소년들이 길어 온 것을 마실지니라"(룻 2:8-9). 그는 룻을 보호하고 마실 것을 챙겼다.

보아스는 룻에게 축복 기도까지 해 주었다. "여호와께서 네가 행한 일에 보답하시기를 원하며 이스라엘의 하나님 여호와께서 그의 날개 아래에 보호를 받으러 온 네게 온전한 상 주시기를 원하노라"(룻 2:12). 보아스는 하나님이 그 선하심과 보상과 공급과 보호로 이 소녀의 삶을 채워 주시기를 간구하고 있었다. 이는 룻이 그날 밭으로 가면서 기대했던 것보다 훨씬 더 큰 은혜였다. 그리고 보아스는 그가 자신이 드린 이 기도의 응답이 되리라는 사실을 아직 알지 못했다.

"식사할 때에 보아스가 룻에게 이르되 이리로 와서 떡을 먹으며 네 떡 조각을 초에 찍으라 하므로 룻이 곡식 베는 자 곁에 앉으니 그가 볶은 곡식을 주매 룻이 배불리 먹고 남았더라"(룻 2:14). 그는 룻에게 넉넉히 베풀었다.

룻이 배불리 먹고도 남았다는 말씀을 읽다 보면 우리에게 익숙한 내용이 떠오른다. 사람들이 잔뜩 먹고도 몇 광주리나 음식이 남았다는 내용을 어디서 읽었더라?

맞다. 이 책 1장에 나온 요한복음 말씀이다. 굶주린 5천 명이 예수님과 함께 식사하기 위해 자리에 앉았다. 예수님은 떡 다섯 개와 물고기 두 마리를 사람들에게 나누어 주셨는데, 배불리 먹고도 열두 광주리가 남았다. 보아스는 언젠가 태어날 베들레헴의 또 다른 사람을 그림자 형태로 우리에게 보여 주고 있었다. 이 더 큰 보아스는 수많은 군중의 텅 빈 위장뿐 아니라 텅 빈 마음마저 채워 줄 것이다. 그분은 사람들 앞에 떡과 포도주를 차려 줄 텐데, 이 식사는 그들을 영원까지 먹이고 살리시려는 그분의 방식을 나타내는 표지가 될 것이다.

그날 밤 룻이 집으로 돌아갔을 때 시어머니는 룻이 가져온 엄청난 양의 볶은 곡식을 보고 놀랐다. 두 사람이 몇 주 동안 양껏 먹을 수 있는 양이었다. 그리고 룻이 보아스의 밭에서 온종일 이삭을 주웠다고 말했을 때 나오미는 왠지 그 이름을 들어 본 적이 있는 듯했다. "그가 여호와로부터 복 받기를 원하노라 그가 살아 있는 자와 죽은 자에게 은혜 베풀기를 그치지 아니하도다 하고 나오미가 또 그에게 이르되 그 사람은 우리와 가까우니 우리 기업을 무를 자 중의 하나이니라"(룻 2:20).

나오미에게 임하여 역사하는 은혜

나오미의 마음을 움켜쥐고 있던 하나님을 향한 쓰디쓴 감정이 조금은 느슨해진 듯했다. 어쩌면 나오미의 생각과 달리, 하나님은 그녀를 버리시지 않았는지도 몰랐다. 나오미가 베들레헴으로 돌아왔을 때 몸이 돌아서기 시작했다면, 이제는 영이 돌아서기 시작하는 것 같았다. 나오미는 그 사람에게 복을 베풀어 달라고 여호와께 간구했다. 나오미는 룻을 이 특정한 밭으로 인도하신 하나님의 주권을 룻과 죽은 남편에게 베푸신 그분의 친절로 보았다.

이 일이 어째서 나오미와 룻처럼 산 자들에게 친절이 되는지는 이해하기 쉽다. 보아스가 그들을 굶주림에서 건져 내고 집을 마련해 줄 수 있기 때문이다. 하지만 어떻게 해서 하나님의 인도가 룻의 죽은 남편에게도 친절이 될 수 있는가? 확실히 이 대목의 배후에는 우리 현대 독자들에게는 분명하지 않은 뭔가가 있다. 보아스가 "우리 기업을 무를 자 중의 하나"라는 나오미의 나머지 말에서 암시를 얻을 수 있다.

나오미의 말은 보아스가 가까운 친척이기 때문에 하나님이 모세에게 주신 율법에 기록된 대로 기업 무를 자의 역할을 할 수도 있다는 뜻이었다. 기업 무를 자는 다른 가족, 특히 손해를 보거나 불의를 당한 가족들을 보호하거나 구조하거나 그들 대신 복수해 주는 역할을 했다. 어떤 사람이 가난해져서 땅을 팔아야 할 때 기업 무를 자가 그 땅을 되사서 그 사람에게 돌려주면, 여호수아 시대에 가문에 할당된 땅을 계속 유지할 수 있었다. 또한 어떤 사람이 상속자가 없이 죽었을 때 기업 무를 자는 죽은 남편의 상속자를 생산할 목적으로 과부와 결혼할 수 있었다.

이제야 왜 나오미가 룻을 보아스에게 인도하신 하나님의 행위를 룻의 죽은 남편에게 베푸신 친절로 보았는지 이해가 가기 시작한다. 보아스가 룻과 결혼하여 기업 무를 자의 의무를 다하려 한다면, 이 결합으로 예전에 엘리멜렉이 소유했던 땅을 물려받을 상속자를 얻게 되는 것이다. 약속의 땅에 자기 땅이 있다는 것은 그 백성에게 주신 하나님의 약속에 몫이 있다는 뜻이었다. 그리고 상속자 없이 죽는 것은 약속의 땅에 있는 가족의 유산과 함께 그들과 그들 후손의 하나님이 되겠다는 하나님의 언약적 약속을 잃어버린다는 뜻이었다. 땅을 사서 엘리멜렉 가문에 회복시킴으로써 보아스는 엘리멜렉과 나오미의 후손이 하나님과의 눈에 보이는 연결을 잃지 않도록 보장해 줄 수 있었다.

룻은 추수기 내내 그 보리밭에서 계속 일했고, 나오미는 룻이 이 잠재적인 기업 무를 자에게 결혼을 제안할 때가 되었다고 결심했다. 룻이 한밤중에 타작마당에 가서 보아스의 발치에 누운 행동이 바로 그것이었다. 보아스가 깨어나자 룻이 말했다. "당신의 옷자락을 펴 당신의 여종을 덮으소서 이는 당신이 기업을 무를 자가 됨이니이다"(룻 3:9). 룻의 말은 사실 이런 뜻이었다. "저와 결혼해 주시겠어요? 저를 보호해 주시겠어요? 저의 필요를 채워 주시겠어요?" 이방인 룻이 언약 가족의 일원, 곧 하나님의 약속을 함께 나눌 자가 되기를 간청하고 있었다.

룻은 희미한 텅 빈 미래를 앞두고 타작마당에 갔다가, 보아스에게서 그녀의 모든 요청을 들어주겠다는 약속을 받고 돌아왔다. 룻은 보아스의 신부가 될 것이다. 그런데 이 계획에는 한 가지 문제가 있었다. 친족 중에 보아스보다 더 가까운 사람이 있어서, 우선 그에게 기업 무를 자의 기회를 주어야 했다. 그래서 룻은 약속을 받고, 다른 무언가를 받아서 떠났다. 보아스는 보리 여섯 되를 룻에게 건네면서 이렇게 말했다. "빈손으로 네 시어머니에게 가지 말라"(룻 3:17).

우리는 룻이 "빈손으로" 오지 않았다고 말했을 때 나오미가 무슨 뜻으로 알아들었는지 궁금해야 한다. 마치 여호와께서 나오미의 공허함을 모르지 않으신다는 것을 나오미가 했던 말로 그녀에게 일깨워 주고 계신 것만 같다. 그분은 여전히 변함없는 사랑의 주님이셨다. 나오미는 자기 삶의 빈 곳만 바라보며 베들레헴에 돌아왔다. 하나님이 자신을 버렸다고 생각하며 하나님께 냉담함만 기대하면서 말이다. 그런데 나오미는 냉담함 대신 친절을 경험하고 있었다. 룻과 보아스를 통해 하나님은 텅 비어 있던 그녀의 찬장과 위장과 마음과 삶을 채워 주고 계셨다. 데이비드 헬름(David Helm) 목사는 "룻이 겉옷에 담아 온, 나오미의 배를 채울 씨앗은 룻의 자궁을 채우고 그 두 사람을 구원하게 될 씨앗을 암시한다."[11]라고 말한다.

우리 안에서 역사하기 시작하는 은혜

보아스는 자신이 기업 무를 자로서 룻과 나오미에게 주려고 계획하는 모든 것에 대한 일종의 계약금을 들려 룻을 집으로 돌려보냈다. 어떤 의미에서, 이는 우리가 이 등장인물들과 가장 큰 공통점을 발견할 수 있는 이야기의 핵심이라고 할 수 있다. 우리도 구세주께 약속을 받았다. 그분은 "내가 너를 구원할 것이다."라고 말씀하셨고, 그 약속이야말로 우리의 전부다. **우리는 약속된 모든 것이 우리 것이 될 완성의 날, 혼인날을 기다리고 있다. 그날에 구세주 예수님이 우리를 덮으시고 그분께 이끄시고 구원하시며 우리의 모든 필요를 채워 주실 것이다.**

우리는 약속된 모든 것을 아직 경험하지 못했다는 사실을 (때로는 강렬하게, 때로는 고통스럽게) 인식한다. 아직 채워지지 못한 텅 빈 곳이 많다. 그러나 우리에게는 새 하늘과 새 땅이라는 약속된 땅에서 받을 기업의 약속이 있다. 그리고 우리가 상속받을 모든 것의 계약금으로, 그것을 보증해 주시는 성령님이 계신다(고후 1:22 참조). 실제로 우리는 지금 그 일부를 누리기 시작하고 있다. 성령님이 사랑, 희락, 화평, 오래 참음, 자비, 양선, 충성, 온유, 절제로 우리 삶을 채워 주신다. 우리 삶에 성령의 열매가 맺히고 있다. 하지만 아직은 구세주께서 우리에게 주시려는 것을 모두 갖지는 못한다. 우리는 그리스도 안에서 우리에게 약속하신 온전함이 이생에서 온전한 복을 받는 것이 아니라 대체로 다음 생을 위해 예비된 것을 안다. 그리고 이 생의 어두운 현실 속에서 오는 세대가 동터 오길 고대하는 우리 모습을 자주 발견하게 된다.

엘리멜렉의 땅을 무를 수도 있었던, 이름이 나오지 않은 그 가까운 친척은 과부가 된 엘리멜렉의 모압인 며느리와 결혼해야 하고 아들을 낳으면 (그 땅이 자기 소유가 되지 않고) 그 아들이 땅을 상속하게 된다는 사실을 알고는 더는 관심을 보이지 않았다. 그래서 보아스는 아무 걱정 없이 룻과 나오미를 무를 수 있었고, 그들을 무르기 위한 대가를 기꺼이 치렀다.

이야기는 기분 좋은 결론을 맺는 듯 보인다. "이에 보아스가 룻을 맞이하여 아내로 삼고 그에게 들어갔더니 여호와께서 그에게 임신하게 하시므로 그가 아들을 낳은지라"(룻 4:13). 앞에서 룻이 나오미를 위해 겉옷에 보리를 채워 와서 공급한 것을 보았는데, 이제는 룻이 아들을 낳아 나오미의 필요를 채우는 것을 볼 수 있다. 이웃 여인들에게 둘러싸여 환하게 웃는 나오미는 가족의 기업 무를 자와 (어떤 의미에서는) 그녀를 되살린 아이를 허락하신 하나님의 공급하심을 찬양하고 모든 비통함을 떨쳐 버린다. 이 아이가 엘리멜렉의 땅을 상속받고 노년에 나오미를 돌볼 것이다.

"나오미가 아기를 받아 품에 품고 그의 양육자가 되니"(룻 4:16). 이 마지막 장면을 지긋이 응시하노라면, 이제 나오미의 품이 가득 찬 것을 알 수 있다. 나오미의 마음도, 그녀의 미래도 가득 찼다. 더는 마라라는 이름을 원치 않을 것이다. '슬픔' 대신 '사랑받는 자'라고 불리길 원할 것이다. 죽음이 있던 자리를 생명이, 슬픔이 있던 자리를 기쁨이, 절망이 있던 자리를 희망이 채웠다. 나오미는 여호와의 변함없는 사랑을 두 눈으로 똑똑히 목격했다.

세상을 뒤바꾸는 은혜

룻기는 아기를 품에 안은 나오미의 모습이 아니라 족보로 끝이 난다. 그래서 룻기가 보아스가 룻과 나오미 개인의 공허함과 필요를 채워 주는 이야기 이상인 것을 알게 된다. 사실 이 이야기는 이 궁핍한 가정을 통해 세상의 더 큰 필요를 채우려고 역사하시는 하나님의 이야기다. 사람들은 룻과 보아스의 아기에게 오벳이라는 이름을 지어 주었는데, 그는 이새의 아버지이자 다윗의 할아버지가 되었다.

룻기는 하나님 백성의 삶에서 텅 빈 곳을 조명하면서 시작했다. 그들에게는 왕이 없어서 모두가 각자 자기 소견에 옳은 대로 행했다. 하나님 백성에게는 그들을 이끌어 하나님을 섬기게 하고, 원수를 무찌르고, 공의와 의로 통치할 지도자요 왕이 필요했다. 그런데 보아스와 룻의 결합을 통해, 둘을 하나 되게 한 온갖 역경을 통해, 나오미에게는 하나님의 손이 자신을 버렸다는 표지처럼 보였을 공허함과 불안을 통해, 하나님은 그 백성에게 가장 필요한 왕을 주시려고 역사하고 계셨다.

이 왕은 언젠가 더 위대한 왕, 더 위대한 후손이 앉을 왕좌를 마련할 것이다. 언젠가 다윗의 후손이 베들레헴에 태어날 텐데, 그도 기업 무를 자가 되어 다른 사람들을 구원할 것이다. 그도 이스라엘 가계뿐 아니라 룻처럼 그 가계에 속하지 않은 이들을 무르기 위해 기꺼이 값을 치를 것이다. 그가 당신과 나 같은 사람, 이전에는 외인과 나그네였지만 이제는 성도들과 동일한 시민이요 하나님의 권속인 이들을 구원할 것이다(엡 2:19 참조).

그는 머나먼 천국을 떠나 풍요로운 땅이나 환영받을 만한 고향에 온 것이 아니었다. "[그가] 자기 땅에 오매 자기 백성이 영접하지 아니하였으나"(요 1:11). 나오미와 달리, 십자가에서 하나님의 손이 정말로 예수님을 저버렸다. 여호와는 정말로 그에게 고난을 허락하셨다. 이사야는 "여호와께서 그에게 상함을 받게 하시기를 원하사 질고를 당하게 하셨은즉"(사 53:10)이라고 기록한다. 예수님은 십자가에서 우리 죗값을 치르셨다. 예수님이 우리를 덮으시고 그분께 인도하시기를 간구하며 우리가 그분께 나아갈 때 "우리가 다 그의 충만한 데서 받으니 은혜 위에 은혜[다]"(요 1:16).

그래서 이 이야기를 통해 우리는 아주 중요한 질문들을 던지게 된다. 내게 생명을 준다고 생각했지만 공허함만 남긴 물건과 장소와 사람들로부터 나는 돌아섰는가? 은혜와 선하심으로 내 삶을 채우실 유일한 분께 진정으로 나아갔는가? 구세주의 발아래 나아와, 나를 덮어 주시고 돌보아 주시고 그분께 묶으시고 내 필요를 채우시고 나를 보호해 주시기를 간구했는가?

구원받아 주님의 가족이 되고 그분의 공급하심을 받더라도 여전히 공허함을 느끼기도 한다. 하지만 하나님이 우리를 버리셔서 그런 것이 아니라는 것을 안다. 오히려, 우리는 구세주가 우리를 결코 실망하게 하지 않으실 것을 확신하고, "만일 하나님이 우리를 위하시면 누가 우리를 대적하리요 자기 아들을 아끼지 아니하시고 우리 모든 사람을 위하여 내주신 이가 어찌 그 아들과 함께 모든 것을 우리에게 주시지 아니하겠느냐"(롬 8:31-32)라고 확신하며 그 공허함을 견딜 수 있다.

하나님이 아닌 다른 곳(가지 말아야 할 곳, 생명을 약속하지만 죽음을 가져다줄 다른 곳)에서 자신의 필요를 채우고 싶은 유혹을 느끼는 이들이 있다면, 나는 엘리멜렉과 그 가족이 짐을 싸서 모압으로 향할 때처럼 이렇게 말해 주고 싶다. "그러지 마세요! 가지 마세요! 하나님께 회개하세요! 하나님께 도와달라고 간구하세요! 하나님이 여러분을 구하시고 필요한 것을 주시리라 믿으세요! 하나님이 자기 백성에게 복 주겠다고 약속하신 곳을(그리스도 안에서만!) 떠나 하나님 이외에 다른 해결책을 찾지 마세요." 자신을 보호할 수 있는 합리적인 방법처럼 보이지만 결코 당신을 보호해 주지 못할 것이다.

온통 텅 빈 곳밖에 보이지 않을 때 보이지 않는 것에 소망을 두라. 당신 편인 하나님께 소망을 두라. 하나님은 당신에게 주먹을 휘두르시지 않는다. 오히려 그분의 손이 당신 삶에 역사하고 있다. **살면서 가장 이해하기 힘든 섭리조차도 십자가에 못 박히신 구세주의 손을 통해 온다.** 당신 삶에 이 공허함을 허락하신 분이 바로 그분이다. 그분은 당신이 상상할 수도 없을 만큼 큰 복을 주시려는 곳으로 당신을 이끄시길 원한다. 당신 이야기의 현시점에서 그것을 볼 수 없을 뿐이다. 그러니 끝까지 그분을 신뢰하자. 주님은 당신의 인생 이야기를 회복과 구속과 부활로 인도하고 계신다.

보아스가 룻과 나오미의 필요에 이끌렸듯이 구세주도 당신의 필요에 이끌리고 계심을 잊지 말자. 당신의 절실한 필요는 주님이 당신을 저버리셨다는 증거가 아니라, 그분이 어떻게 해서 당신 편인지 보여 주실 기회다. 주님은 당신의 겉모습 뒤에 숨은 더 심오하고 중요한 욕구를 보신다. 그분이 당신의 제한된 관점에서 꼭 필요하다고 여기는 모든 욕구를 채워 주시지 않을지는 모르나, 가장 심오한 진짜 필요를 온전하고 영원히 채워 주실 것이다.

당신 영혼에 커다란 웅덩이를 만든 것이 무엇이든, 하나님은 은혜와 자비로 그 빈 곳을 채우려 하신다. 구세주는 당신을 그 날개 아래 품으시고 그 옷으로 덮으셔서 당신을 보호하고 당신의 필요를 공급하신다. 당신을 그 절박한 상황에서 구원하시기 위해 율법 아래서 필요한 일을 이미 다 이루시고, 그분의 피로 값을 치르셨다. 주님은 당신을 그분의 집으로 데려가실 것이다. 생명의 떡이신 그분으로 당신의 굶주림을 채우실 것이다. 세상살이의 슬픔과 상실로 망가진 당신의 마음을 고치실 것이다. 주님은 당신에게 자비를 베푸시고 당신을 사랑하실 것이다. 천국에 있는 그분의 기업을 나누어 주실 것이다. 다윗의 자손 예수 그리스도의 가문으로 누릴 수 있는 왕의 모든 특권으로 당신의 미래를 채우실 것이다.

God Does
His Best Work
with Empty

4.
왕의 식탁

자비로 공허함을 채우시는 하나님

인생은 한순간에 바뀔 수 있다. 뜻밖의 전화 한 통, 갑작스러운 움직임, 단 한 번의 결정, 간단한 대화로 삶이 달라질 수 있나. 우리가 인생을 뒤돌아보면 좋든 싫든 간에 삶의 궤적이 바뀐 순간을 알아차릴 수 있다. 때로는 우리가 한 선택이나 행동의 결과이기도 했고, 때로는 다른 사람이 내린 결정(음주 운전을 하기로 한 결정, 돌아서서 떠나기로 한 결정, 남아서 싸우기로 한 결정) 때문에 모든 것이 달라지기도 했다. 그런가 하면, 비난이나 책임을 돌릴 장소나 사람이 없는 경우도 있다. 어쩌다 보니 그렇게 되었다. 그냥 벌어진 일이다.

망가진 세상에서 살아가는 일이란 아주 끔찍하게 잔인할 수 있다.

므비보셋의 가혹한 삶

다섯 살 남자아이 므비보셋에게 삶은 잔인하기 짝이 없었다. 처음에는 만사가 잘 풀렸다. 그의 할아버지는 이스라엘의 강력한 왕 사울이었고, 아버지는 요나단이었다. 아버지는 그가 존경하고 의지할 만한 분이었고, 현실을 있는 그대로 직시하고 옳은 일을 위해 기꺼이 목숨을 내놓는 분이었다. 므비보셋은 왕이 소유한 저택에서 살았다. 이 다섯 살짜리 아이는 자신이 무엇을 물려받을지, 혹은 언젠가 자신이 이스라엘 왕이 될지도 모른다는 생각은 하지 않았을 것이다. 그저 왕의 궁궐에서 편안한 삶을 즐겼을 것이다.

그러던 어느 날, 세상이 달라졌다. 블레셋이 이스라엘을 공격했다는 소식이 이스르엘에서 당도했다. 길보아산에서 수많은 군사가 죽임을 당했는데, 그중에는 므비보셋의 아버지와 그의 형제들도 있었다. 므비보셋의 할아버지 사울은 자기 칼에 엎드러져 비참하게 죽었다. 이 전쟁으로 므비보셋은 아버지와 할아버지만 잃은 것이 아니라 집도 잃어버렸다. 왕권이 위협을 받으면 왕족의 일원인 므비보셋의 생명도 위험해졌으므로 유모가 그를 안고 안전한 곳으로 도망쳤다. 그런데 혼란스럽고 두려운 상황에서 급히 피신하다가 그만 아이를 떨어뜨리고 말았다. 그렇게 그는 두 다리에 영구 장애를 얻었다(삼하 4:4 참조).

그 잔인한 날, 므비보셋은 아버지와 삼촌들과 할아버지를 한꺼번에 잃었다. 다른 의미에서, 그는 왕족으로서 자신의 미래를 잃어버렸고, 언젠가 왕위에 오를 가능성마저 잃어버렸다. 집도 사라져 버렸다. 걸을 수 있는 능력도 잃어버렸다. 보행 능력을 잃게 되면서 이동과 독립, 위엄도 상실하게 되었다.

가문의 지인이 그를 거두었지만, 므비보셋의 환경은 180도 달라졌다. 그를 데려간 마길은 로드발에 살았다. 이전 왕 사울의 후손이 다 죽었는지 확인하고 싶은 사람들의 감시망을 피하려는 이들에게 로드발은 살기 좋은 곳이었을 것이다. 그저 못 사는 동네 정도가 아니라, 말 그대로 주변에 아무것도 없는 외딴곳이었다. 로드발은 '초원이 없다'라는 뜻이었다. 소에게 꼴을 먹이거나 작물을 기를 만한 곳이 아니었다. 왕궁의 풍요로운 정원과는 한참이나 동떨어진 바위투성이 황무지였다.

므비보셋은 차기 왕의 아들로서 누리던 여유로운 생활과도 한참이나 멀어져 버렸다. 그는 로드발에 살면서 밤마다 불안에 떨어야 했을 것이다. 살날이 얼마 남지 않았다고 생각하면서 늘 문 두드리는 소리에 신경을 곤두세웠다. 왕가에서 가장 중요한 규칙은, 한 나라의 왕이 되었을 때 그 왕좌를 위협할 수도 있는 이전 왕족의 가족을 모두 숙청하는 것이다. 그래서 므비보셋은 어느 날 갑자기 로드발에 군대가 나타나지 않을까 끊임없이 두려워하며 살았을 것이다. 15년 넘도록 문을 두드리는 사람은 아무도 없었다. 아무 일도 벌어지지 않았다. 아무도 그곳을 찾지 않았다.

그러던 어느 날, 세상이 달라졌다.

다윗에게 임한 하나님의 자비

사울이 죽고 나서 한동안은 북쪽 열 지파가 므비보셋의 삼촌 이스보셋을 왕으로 삼았고, 다윗이 남쪽 두 지파를 다스렸다. 그러나 이스보셋의 통치는 비참한 최후를 맞았고, 다윗이 열두 지파를 다 다스리게 되었다. 다윗이 여부스 요새를 점령하자 그곳이 왕의 성읍 예루살렘이 되었다. 그가 자신의 궁궐이 있는 예루살렘 성에 하나님을 위해 집을 짓기로 작정했을 때 하나님은 선지자 나단을 통해 전혀 다른 계획을 말씀하셨다. 다윗이 하나님께 집을 지어 드리는 것이 아니라, 하나님이 다윗을 집으로 지어 주겠다고 하셨다. 다시 말해, 다윗의 후손을 영원한 왕조로 삼겠다는 말씀이었다. 하나님은 언젠가 다윗의 후손이 그의 왕위에 앉아서 영원한 나라를 다스릴 것이라고 그에게 약속하셨다.

하나님은 다윗과 그의 후손에게 변함없는 사랑, 히브리어로 '헤세드'(hesed)를 보여 주겠다고 약속하셨다. '헤세드'라는 히브리어는 다른 언어로는 한 단어에 그 뜻을 담아내기 쉽지 않다. 그 말이 전달하려는 내용은 여러 면에서 인간의 언어로 담아내기에는 너무 거대하기에 어쩌면 당연한 일인지도 모른다. 이 단어는 가차 없는 무한한 사랑, 자비, 은혜, 친절 등 다양한 개념을 나타낸다. 이 끊임없는 사랑 혹은 충실한 사랑은 하나님의 성품에 필수적이다. 하나님이 모세에게 자신을 소개하실 때 하신 말씀에서 이 사랑이 핵심이다. "여호와라 여호와라 자비롭고 은혜롭고 노하기를 더디하고 **인자와 진실이 많은** 하나님이라 **인자**를 천대까지 베풀며"(출 34:6-7).

다윗은 이 놀라운 약속으로 그를 찾아오신 여호와의 변함없는 사랑에 압도되었다. 또한 원수를 이기고 승리를 허락하신 여호와를 통해 이 변함없는 사랑을 경험했다. 그러나 다윗은 하나님의 자비를 받기만 하지 않고, 그 자비를 전달하는 사람이 되고자 했다. 하나님이 다윗과 맺으신 은혜의 언약 때문에 그는 수년 전에 영혼의 형제 요나단과 맺은 언약을 생각하게 되었을 것이다. 사울의 아들이자 차기 왕위에 오를 가능성이 가장 컸던 요나단은 하나님이 다윗을 이스라엘 왕으로 선택하시고 사무엘이 그에게 기름을 부은 것을 알고 있었다. 요나단은 하나님께 대한 복종과 다윗을 향한 우정의 행위로, 자기 겉옷과 무기를 다윗에게 건네면서 다윗이 미래의 왕이 될 것이라는 언약을 맺었다. 요나단이 다윗에게 말했다. "여호와께서 내 아버지와 함께하신 것같이 너와 함께하시기를 원하노니 너는 내가 사는 날 동안에 여호와의 인자하심을 내게 베풀어서 나를 죽지 않게 할 뿐 아니라 여호와께서 너 다윗의 대적들을 지면에서 다 끊어 버리신 때에도 너는 네 인자함을 내 집에서 영원히 끊어 버리지 말라"(삼상 20:13-15).

하나님의 약속을 통해 그분의 친절을 경험한 다윗은 요나단의 가족을 하나님의 자비로 대하겠다고 약속한 내용을 기억하고는 자기 왕궁에서 아랫사람에게 물었다. 므비보셋은 전혀 몰랐겠지만, 바로 그 순간 그의 인생이 완전히 달라지기 시작했다.

다윗이 이르되 사울의 집에 아직도 남은 사람이 있느냐 내가 요나단으로 말미암아 그 사람에게 은총을 베풀리라 하니라 사울의 집에는 종 한 사람이 있으니 그의 이름은 시바라 그를 다윗의 앞으로 부르매 왕이 그에게 말하되 네가 시바냐 하니 이르되 당신의 종이니이다 하니라 왕이 이르되 사울의 집에 아직도 남은 사람이 없느냐 내가 그 사람에게 하나님의 은총을 베풀고자 하노라 하니 시바가 왕께 아뢰되 요나단의 아들 하나가 있는데 다리 저는 자니이다 하니라 왕이 그에게 말하되 그가 어디 있느냐 하니 시바가 왕께 아뢰되 로드발 암미엘의 아들 마길의 집에 있나이다 하니라(삼하 9:1-4).

다윗은 하나님께 받은 넘치는 자비로 다른 사람들에게 그 자비를 베풀길 원했다. 하지만 '무작위로 친절'을 베푸는 데는 관심이 없었다. 그의 마음은 훨씬 더 진지하고 깊었다. 그는 사울의 집에 남은 사람에게 **하나님의 은총**을 베풀고자 한다고 구체적으로 말했다. 그 사람의 유익을 위해 하나님처럼 애쓰는 것이 다윗이 원하는 바였다. 자칫 위험할 수도 있는 일이었다. 대가를 치러야 할지도 몰랐다. 사람들은 그가 정신이 나갔다고 생각할 수도 있었다. 하지만 그는 신경 쓰지 않았다.

다윗은 자신의 질문에 아무 수식어를 달지 않았다. 시바는 므비보셋이 다리를 전다고 말하면서 그가 왕의 궁전에 적합한 사람이 아닐 수도 있다고 암시했지만, 다윗은 "이런 은총을 받을 만한 사람, 그런 가치와 자격이 있는 사람, 신뢰할 만한 사람이 있느냐?"라고 묻지 않았다. 다윗이 염두에 둔 것은 받을 자격이 없는 사람, 아무 공로도 없는 사람, 베풀 것밖에 없는 사람에게 아낌없이 쏟아부어 주는 하나님과 같은 자비였다.

우리가 하나님께 얼마나 큰 자비를 받았는지 알게 될 때, 그 자비를 당연히 여기지 않고 감사히 여길 때 우리는 달라진다. 관점이 바뀌고, 관계가 바뀐다. 우리가 어떤 대우를 받고 있는지, 우리가 포함되었는지, 우리의 필요가 채워지고 있는지에만 늘 신경 쓰기보다, 다른 사람들이 어떤 대우를 받고 있는지, 그들이 포함되었는지, 그들의 필요가 채워지고 있는지에 점점 더 관심을 기울이게 된다. 우리는 자신의 환경과 상황에서 눈을 들어 "나는 누구에게 자비를 베풀어야 할까?"라고 질문하기 시작할 것이다. 과거에는 텅 빈 것 같았던 내면이 우리 주변 사람들에게 흘러넘치게 베풀 자비로 가득 찬 저수지가 된 것을 알게 된다. 다른 사람들을 돌보느라 너무 바빠서, 중요한 사람들로 가득한 세상에서 아무것도 아닌 존재라는 느낌이 그렇게 고통스럽지 않고 더는 나를 지배하지 않게 된다. 인생이 잔인할 때 자기 연민에 빠져 헤어나지 못하는 경향이 과거만큼 큰 힘을 발휘하지 못한다. 우리가 다른 사람들의 삶과 그들의 상처에 관여하면서, 하나님이 우리에게 주신 것과 그리스도를 통해 우리를 위해 하신 일, 성령님을 통해 우리 내면에서 하고 계신 일에 끊임없이, 그리고 점점 더 감사하게 되기 때문이다.

므비보셋에게 임한 다윗의 자비

므비보셋은 다윗의 군사들이 자기 집 문을 두드릴 날을 오랫동안 두려워하며 살았는데, 드디어 그날이 왔다.

다윗 왕이 사람을 보내어 로드발 암미엘의 아들 마길의 집에서 그를 데려오니 사울의 손자 요나단의 아들 므비보셋이 다윗에게 나아와 그 앞에 엎드려 절하매 다윗이 이르되 므비보셋이여 하니 그가 이르기를 보소서 당신의 종이니이다(삼하 9:5-6).

므비보셋은 다리를 절거나 목발에 의지하여 왕 앞에 나아왔을 것이다. 장애가 있어서 다윗 앞에 엎드려 절하기가 어렵거나 불편했을 것이다. 자기 목에 칼이 들어오리라 생각하고 눈을 질끈 감았을지도 모른다. 그런데 그의 귓가에 들려온 것은 자비를 베풀고 그를 도와

주리라 약속하고 미래를 보장해 주겠다는 말이었다.

다윗이 그에게 이르되 무서워하지 말라 내가 반드시 네 아버지 요나단으로 말미암아 네게 은총을 베풀리라 내가 네 할아버지 사울의 모든 밭을 다 네게 도로 주겠고 또 너는 항상 내 상에서 떡을 먹을지니라 하니(삼하 9:7).

므비보셋은 이런 반전에 자기 귀를 의심했다. 그는 평생 떨어지기만 했다. 다섯 살에 유모의 품에서 떨어졌고, 로드발에서는 은둔 생활과 불안감과 아무것도 아닌 존재로 떨어졌다. 은혜에서 추락해 버렸다. 이제는 왕 앞에 엎드려 고개를 떨구게 되었다. 그런데 왕의 칼끝은 그를 겨냥하지 않았고, 그는 또다시 떨어졌다. 이번에는 은혜로 떨어진 것이다.[12]

이 은혜가 므비보셋에게 임한 것은 약속 때문이었다. 오래전에 다윗은 므비보셋의 아버지에게 그의 자녀들에게 자비를 베풀겠다고 약속한 바 있었다. 다윗이 자비를 베풀기 위해 여러 방법을 동원하자 므비보셋은 자기 인생이 송두리째 뒤바뀌리라는 생각이 들기 시작했다. 다윗의 약속은 형식적인 자비가 아니라 충만하고 지속적인 자비였다.

집이라고 부를 공간. 다윗은 므비보셋에게 그의 할아버지 사울에게 속한 모든 땅을 그에게 주겠다고 말했다. 우리는 이 부분을 무심히 지나치기 쉽지만, 이스라엘의 초대 왕 사울이 통치 기간에 얼마나 많은 땅을 소유했을지 한번 상상해 보자. 과거에 이스라엘 백성이 왕을 요구했을 때 선지자 사무엘은 왕이 그들의 땅을 포함하여 많은 것을 가져갈 것이라고 경고했다. 그러니 다윗이 므비보셋에게 한때 사울 소유였던 땅을 모두 주겠다고 했을 때 그것은 엄청난 부지였을 것이다. 다운튼 애비(Downton Abbey)나 빌트모어 대저택(Biltmore Estate), 대형 목장을 생각해 보면 이해가 빠를 것이다.

로드발의 판잣집에 숨어 지내던 므비보셋의 주소가 바뀔 것이다. 토지 소유주가 되면서 그의 운명은 180도 달라졌다. 고대에 토지는 부의 척도였다. 므비보셋은 하루 사이에 부자가 되었다. 그는 땅만 소유하게 된 것이 아니라, 땅을 경작하고 가축을 돌볼 종들을 거느리게 되었다. 다윗은 시바와 그의 아들 열다섯 명, 종 스무 명이 함께 그 땅을 갈고 거두게 했다. 아무것도 없는 땅에서 빈털터리로 살던 므비보셋의 삶은 이제 끝났다. 그는 집이라고 부를 공간, 약속의 땅의 지분, 자녀에게 물려줄 유산을 갖게 되었다.

왕의 식탁에 앉을 자리. 다윗은 므비보셋에게 집을 마련해 주면서 그를 멀리 보내지 않았다. 오히려 그 반대였다. 다윗은 므비보셋을 가족으로 삼으려 했다. 그는 므비보셋을 가까이 두길 원했다. 므비보셋을 알아 가고 그와 함께 생활하길 원했다. 매일 밤 식탁에서 그와 마주하고 어떻게 하루를 보냈는지 듣고 싶어 했다. "너는 항상 내 상에서 떡을 먹을지니라"(삼하 9:7).

'초원이 없는' 곳에서 므비보셋이 무엇을 먹고 지냈을지 한번 상상해 보자. 그리고 왕의 상에서는 어떤 음식을 먹을지도 상상해 보자. 상다리가 휘어지도록 차려진 산해진미를 먹고 마시는 손님들과 그들 사이에 오가는 대화를 상상해 보자. 이 상에 올라온 음식도 틀림없이 좋았겠지만, 식탁 교제는 더더욱 좋았을 것이다. 므비보셋은 오랫동안 혈혈단신으로 지냈는데 이제 왕가에 입양될 것이다. "므비보셋은 왕자 중 하나처럼 왕의 상에서 먹으니라"(삼하 9:11). 국가의 원수였던 그가 이제는 왕자로 입양되었다. 홀로 외로웠던 그에게 이제는 소속감이 생겼다. 이제 더는 두려워할 필요가 없었다. 더는 숨을 필요도 없었다. 왕의 자비로 므비보셋이 평생 겪은 잔인한 세월은 이제 다 사라질 것이다.

당신과 내게 임하는 왕의 자비

므비보셋의 삶이 한순간에 바뀐 것처럼, 한참 후에 나사렛에 살던 한 젊은 여인의 삶도 한순간에 바뀌었다. 천사 가브리엘이 그 여인을 찾아와 아들을 낳을 것이라고 말해 주었다. "그가 큰 자가 되고 지극히 높으신 이의 아들이라 일컬어질 것이요 주 하나님께서 그 조상 다윗의 왕위를 그에게 주시리니 영원히 야곱의 집을 왕으로 다스리실 것이며 그 나라가 무궁하리라"(눅 1:32-33).

이 지극히 높으신 이의 아들은 도대체 어떤 왕이었는가? 그는 자비로웠다. "큰 무리가 다리 저는 사람과 장애인과 맹인과 말 못하는 사람과 기타 여럿을 데리고 와서 예수의 발 앞에 앉히매 고쳐 주시니"(마 15:30).

우리는 큰 잔치를 준비하는 사람에 대해 예수님이 들려주신 이야기에서 왕 예수의 마음을 엿볼 수 있다. 그는 사람들을 잔치에 초대했지만, 초대받은 사람들은 저마다 참석하지 못하는 이유를 둘러대기 시작했다. 그러자 그는 종들을 시내의 거리와 골목으로 보내서 가난한 자들과 몸이 불편한 자들과 앞을 보지 못하는 자들과 다리를 저는 자들을 데려오게 했다.

당신이 이 사람들의 이야기를 읽을 때 처음에는 예수님이 다른 누군가에 대해 말씀하고 계셨다고 생각할 수도 있다. 당신도 나름의 어려움과 문제가 있겠지만, 자신을 가난한 자나 몸 불편한 자, 앞 못 보는 자, 다리 저는 자의 부류로는 보지 않을 것이다. 그러나 성경에서 "저는 사람"은 예수님과의 만남이 없는 모든 사람의 영적 상황을 묘사하는 한 가지 방식이다. 예수님이 우리를 그분께 가까이 이끄시지 않으면 우리는 그분께 나아올 수 없다. 우리는 아무것도 가진 게 없는 가난한 자다. 우리는 앞 못 보는 자다. 예수님이 우리에게 그분을 나타내시지 않으면 그분을 볼 수 없다. **우리 중에 그 누구도 왕 앞에서 자신 있게 걸을 수 없다. 모두가 절면서 걷는다.**

우리 중 누구도 들어갈 자격이 없다. 오히려 정반대 대접을 받아야 한다. 우리는 원수 취급을 받아야 마땅한데, 이전에 우리가 바로 그런 존재였기 때문이다. "우리가 원수 되었을 때에 그의 아들의 죽으심으로 말미암아 하나님과 화목하게 되었은즉"(롬 5:10). 당신이 믿음으로 그리스도와 연합하게 되었다면, 당신이 그분의 원수였을 때, 그분에게서 숨어 있을 때 하나님이 당신을 찾아내셨기 때문이다. 하나님은 세상의 기초가 놓이기도 전에 맺으신 언약 때문에 그분의 인애를 보여 주시고자 하는 마음에서 당신을 찾아오셨다. "곧 창세 전에 그리스도 안에서 우리를 택하사 우리로 사랑 안에서 그 앞에 거룩하고 흠이 없게 하시려고 그 기쁘신 뜻대로 우리를 예정하사 예수 그리스도로 말미암아 자기의 아들들이 되게 하셨으니… 이는 그가 모든 지혜와 총명을 우리에게 넘치게 하사"(엡 1:4-5, 8).

십자가에 달리시기 전날 밤, 왕이신 예수님은 그분의 가족을 식탁으로 부르셨다. 하지만 이 식사는 이전의 유월절 식사와는 달랐다.

이르시되 내가 고난을 받기 전에 너희와 함께 이 유월절 먹기를 원하고 원하였노라 내가 너희에게 이르노니 이 유월절이 하나님의 나라에서 이루기까지 다시 먹지 아니하리라 하시고 이에 잔을 받으사 감사 기도 하시고 이르시되 이것을 갖다가 너희끼리 나누라 내가 너희에게 이르노니 내가 이제부터 하나님의 나라가 임할 때까지 포도나무에서 난 것을 다시 마시지 아니하리라 하시고 또 떡을 가져 감사 기도 하시고 떼어 그들에게 주시며 이르시되 이것은 너희를 위하여 주는 내 몸이라 너희가 이를 행하여 나를 기념하라 하시고 저녁 먹은 후에 잔도 그와 같이 하여 이르시되 이 잔은 내 피로 세우는 새 언약이니 곧 너희를 위하여 붓는 것이라(눅 22:15-20).

우리 왕이 그분의 식탁으로 우리를 부르셨다. 예수님은 우리를 부르셔서 그분의 대속의 죽음을 우리 생명으로 삼게 하신다. 그분의 구원이 주시는 유익을 마시게 하신다. 우리는 주님의 식탁에서 형제자매들과 주기적으로 음식을 나누면서 소속감에 대한 갈망이 채워지는 것을 발견한다. 우리는 섬김을 받으려고 안달복달하기보다 다른 사람들을 섬기면서 힘을 얻는다. 힘을 얻은 우리는 이렇게 질문한다. "그리스도와 그분의 영광을 위해 내가 자비를 베풀 수 있는 사람이 있을까?"

우리는 기다릴 힘도 얻는다. 예수님을 우리 왕으로 따른다고 해도, 지금 당장 토지나 종들이나 최고의 식탁에 앉을 자리를 얻을 수 있다는 뜻은 아니다. 저는 다리가 곧바로 낫는다거나 과거의 상처를 쉽게 잊을 수 있다는 뜻도 아니다. 적어도 아직은 아니다.

삶은 잔인할 수 있다. 재정적 곤란, 어려운 환경, 내게 중요한 사람의 가혹한 말로 우리는 심각한 손상을 입을 수 있다. 그러나 하나님은 우리를 저주 아래 있는 가혹한 이생의 삶에 내버려 두지 않으셨다. 우리를 잊지 않으셨다. 인애를 베풀겠다는 언약의 약속을 잊지 않으셨다. 하나님은 지금도 자비를 베푸실 사람들을 찾고 계신다. 당신이 지금까지 그분의 임재를 멀리했다면, 이제 이렇게 말씀하시는 음성을 들어 보라. "내 앞에서 두려워할 필요가 전혀 없단다. 네가 내 친구가 될 수 있도록 내 아들 예수가 십자가에서 내 원수가 되었거든. 그를 우리 가족에서 내쫓은 대신 네가 입양될 수 있었단다. 그가 내 모든 분노를 다 가져가서 네가 내 사랑과 자비를 영원히 누릴 수 있게 되었지."

친구여, 당신이 주님께 내놓을 곤궁함 외에는 빈털터리임을 깨닫고 이 왕 앞에 나아와 겸손하게 머리를 숙인다면, 인생이 180도 변하는 날이 올 것이다. 눈 깜짝할 사이에, 순식간에 그렇게 될 것이다. 우리 왕이 우리를 위해 오실 것이다. 더 큰 다윗이 오셔서 식탁을 베푸시고 우리는 그 식탁에 앉아 영원히 배부를 것이다.

어쩌면 당신은 오늘 밤 홀로 식탁에 앉아 있을지도 모른다. 자기 자신을 아무것도 없는 곳에서 살아가는 아무것도 아닌 존재라고 생각할지도 모른다. 나는 당신이 수많은 형제자매와 함께 모일 날이 온다는 것을 알길 바란다. 집이라고 부를 공간, 식탁에 앉을 자리가 생길 것이다. 예수님이 말씀하셨다. "동서로부터 많은 사람이 이르러 아브라함과 이삭과 야곱과 함께 천국에 앉으려니와"(마 8:11). 우리 왕의 자비는 이렇듯 널리 확장된다.

하나님은 당신을 잊지 않으셨다. 더 중요한 것은, 하나님이 당신이 태어나기 전에, 세상의 기초가 놓이기도 전에 맺으신 그분의 언약, 곧 인애를 베풀겠다는 언약을 잊지 않으셨다는 것이다. 그분을 만나면 당신의 수치심만 커질까 두려워하여 그분을 찾지 않았을 때, 그분에게서 숨어 있었을 때 하나님은 당신을 찾아 그분께 가까이 이끄셨다. "두려워하지 마라! 내가 네 조상 아브라함과 맺은 약속 때문에 네게 자비를 베풀 것이다. 나는 네게 집이라고 부를 공간, 천국에 있는 내 땅의 기업을 줄 것이다. 거기서 너는 나와 함께 왕의 식탁에 앉아 끝없는 천국 잔치를 먹고 즐길 것이다."

God Does
His Best Work
with Empty

5.
채워지지 않는 갈증

생명으로 공허함을 채우시는 하나님

로맨틱 코미디 영화에서는 가장 편리한 시점에 '끝'이라는 말이 등장하는 것 같다. 위기가 해소되고 두 사람(과 관객)이 완벽한 축복 같은 삶을 기대하며 함께 살기 원하는 것을 깨달으면서 영화가 끝난다. 거기서 이야기가 끝난다니 얼마나 편리한가. 카메라가 계속 돌아가면서 유명 영화 속 연인들의 결혼 생활을 촬영한다고 상상해 보자. 두 사람이 이후로도 행복하게 잘 살았다고 암시하는 마지막 장면처럼 인생이 늘 평탄하기만 했을지 의구심이 든다.

영화 "제리 맥과이어"(Jerry Maguire)에서 톰 크루즈(Tom Cruise)가 친구들과 즐거운 시간을 보내고 있던 르네 젤위거(Renée Zellweger)를 찾아와 "당신이… 날… 완성해 줘."라고 말할 때 사람들은 황홀해한다. 하지만 야망에 찬 스포츠 에이전트와 그의 옛 비서의 결혼 생활이 시즌 내내 거의 집을 비워야 하는 제리의 직업 특성을 과연 잘 버텨 낼 수 있을까?

영화 "해리가 샐리를 만났을 때"(When Harry Met Sally)에서 해리 번스를 연기한 빌리 크리스탈(Billy Crystal)이 샐리 앨브라이트 역의 맥 라이언(Meg Ryan)에게 "당신이 누군가와 남은 인생을 같이 보낼 거라면 빠를수록 좋을 것 같아서 여기 온 거야."라고 말할 때 사람들은 안도한다. 하지만 온갖 나쁜 습관은 다 가지고 있는 해리와 세심한 관리가 필요한 특이한 성격을 지닌 샐리가 정말로 순탄한 결혼 생활을 유지할 수 있을까?

영화 "노팅 힐"(Notting Hill)에서 영화배우 애나 스콧을 연기한 줄리아 로버츠(Julia Roberts)가 서점 주인 윌리엄 태커 역의 휴 그랜트(Hugh Grant)에게 "나 역시 소년 앞에서 사랑을 구하는 소녀일 뿐이에요."라고 말할 때 사람들은 희망을 느낀다. 영화가 끝나고 리포터를 가장했던 남편과 임신한 애나가 공원 벤치에서 책 읽는 장면 위로 자막이 올라갈 때 우리는 이 결혼에 온갖 종류의 희망을 품게 된다. 하지만 두 사람의 명성과 재정 격차가 끊임없는 문제가 되지 않으리라고 생각할 수 있을까?

로맨스 영화는 불완전하고 때로 자기중심적인 두 사람이 오랜 세월에 걸쳐 일상의 도전을 헤쳐 가는 끊임없는 현실을 보여 줄 필요가 없다. 영화는 두 사람이 영원히 행복할 것 같은 시점에 편리하게도 끝난다.

그러나 현실 세계를 살아가는 우리는 인생과 사랑이 늘 영화에서처럼 펼쳐지지는 않는다는 것을 잘 안다. 우리는 완벽하지 않고, 세상에 완벽한 결혼 상대도 없다. 실망, 지루함, 배신, 경제적 압박, 참사, 질병, 역기능, 이혼, 죽음 같은 것에 영향을 받지 않는 완벽한 결혼 생활이란 과거에도, 현재에도 없다.

하지만 우리는 여전히 바란다. 제대로 된 짝을 만나 함께하면, 혹은 기존의 관계나 상대를 바꾸면 행복해지리라고 생각하면서 연애 관계에 큰 기대를 품는다. 그러면 더는 공허함을 느끼지 않으리라 여긴다.

하지만 바로 이 지점이야말로 하나님이 우리 삶에서 일하실 기회다. **하나님은 사랑받고자 하는 우리의 갈망을 통해 가장 좋은 일을 하곤 하신다.** 우리가 아무리 다른 사람의 눈을 영원토록 들여다본다고 해도 거기서 우리의 모든 필요를 찾을 수는 없다. 아무리 열정적인 관계라 해도 인간관계로는 우리 삶의 빈 곳을 채울 수 없다. 하늘에 계신 우리 신랑만이 그곳을 채우실 수 있다.

유다의 갈증

성경은 처음부터 하나님과 그 백성 이스라엘의 관계를 결혼으로 묘사했다. 하나님은 신부의 욕구를 채우시고 그녀의 마음을 사로잡기로 계획하셨다. 하나님은 선지자 이사야를 통해 이스라엘에게 말씀하셨다. "이는 너를 지으신 이가 네 남편이시라"(사 54:5). 하지만 안타깝게도, 위대한 약속으로 시작된 하나님과 신부 이스라엘의 결혼 생활은 매우 잘못된 길로 가 버렸다. 여호와 하나님은 선지자 예레미야를 통해 그 백성과의 사랑 이야기가 어떻게 시작되었는지를 안타까운 마음으로 돌아보신다.

> 여호와께서 이와 같이 말씀하시기를 내가 너를 위하여 네 청년 때의 인애와 네 신혼 때의 사랑을 기억하노니 곧 씨 뿌리지 못하는 땅, 그 광야에서 나를 따랐음이니라(렘 2:2).

마치 하나님이 결혼 사진첩을 들여다보면서 사랑이 처음 시작되었을 때 신부 이스라엘의 모습을 보고 계신 것만 같다. 이스라엘은 하나님을 사랑하고 그분을 기쁘시게 하려고 애썼다. 애굽에서 약속의 땅까지 광야를 통과하면서도 기꺼이 그분을 따랐다. 200만 명이 걸어서 광야를 통과했는데 거기에는 샘이나 흐르는 강이 없었다. 광야에서 이스라엘의 거룩한 남편은 바위에서 물이 솟아나는 샘물을 열어 주셔서 그들이 마시게 하셨다. 이 일은 신혼 때 있었는데, 하나님은 그분이 그들을 만족시킬 근원이 되심을 보여 주려 하셨다.

우리는 갈증을 마실 것을 원하는 신체 감각으로 생각하는 경우가 많다. 하지만 "지식에 대한 갈증이 있다."라고 말할 때처럼 비유적으로 사용하기도 한다. 무언가에 갈증을 느낀다는 것은 그것을 강하게 원한다는 것인데, 성경에서도 그런 의미를 찾아볼 수 있다. 사실, 성경 이야기 전체에서 갈증과 물의 이미지를 욕구와 연관하여 사용하곤 한다.

하나님은 광야에서 그분이 자기 백성의 애정의 중심이 되기를 원하신다는 사실을 분명히 하셨다. 하나님이 그들에게 주신 첫 번째 계명이 다음과 같았다. "나 외에는 다른 신들을 네게 두지 말지니라 너는 자기를 위하여 새긴 우상을 만들지 말고 위로 하늘에 있는 것이나 아래로 땅에 있는 것이나 땅 밑 물속에 있는 것의 어떤 형상도 만들지 말며 그것들에게 절하지 말며 그것들을 섬기지 말라 나 네 하나님 여호와는 질투하는 하나님인즉 나를 미워하는 자의 죄를 갚되 아버지로부터 아들에게로 삼사 대까지 이르게 하거니와"(신 5:7-9).

그런데 시간이 흐르면서 이스라엘은 온갖 다른 신에게 애정을 주면서 반복해서 부정을 저질렀다. 여호와 하나님은 이스라엘에게 애가라는 사랑의 시집을 주셔서 그들을 향한 마음이 얼마나 열정적인지 보여 주셨다. 호세아 선지자를 보내셔서 그들의 부정에도 불구하고 이스라엘을 얼마나 끈질기게 사랑하시는지 보여 주셨다. 그런데도 이스라엘 백성은 예루살렘 주변 산지에 쌓은 제단들에서 다른 신들과 관계를 맺었다. 그런 관계는 공허함만 낳을 뿐이었다.

> 나 여호와가 이와 같이 말하노라 너희 조상들이 내게서 무슨 불의함을 보았기에 나를 멀리하고 가서 헛된 것을 따라 헛되이 행하였느냐 (렘 2:5).

이스라엘 백성이 예배한 신들은 공허하고 실재하지 않으며 가치가 없었다. 그들도 자신이 예배한 신들처럼 공허한 존재가 되어 갔다. 그들은 한 분 참 하나님을 계속해서 예배하면서 다른 신들에 대한 예배를 조금 보태고 있다고 생각했다. 하지만 하나님은 자기 백성의 애정을 다른 신들과 나누지 않으시는, 질투하시는 하나님이다.

> 내 백성이 두 가지 악을 행하였나니 곧 그들이 생수의 근원 되는 나를 버린 것과 스스로 웅덩이를 판 것인데 그것은 그 물을 가두지 못할 터진 웅덩이들이니라(렘 2:13).

예레미야가 두 가지를 악이라고 언급한 점에 주목하라. 하나님을 버린 것과 다른 신들에게서 만족을 찾으려 한 것이다. 우리는 하나님과의 친밀한 관계를 버린 것을 악이라고 생각하지 않는다. 혹여 문제라고 여긴다고 해도, 그다지 해롭지 않은 방황이나 너무 바쁘거나 산만한 상태 정도로 생각한다. 하나님이 계셔야 할 자리를 차지하고 우리 삶을 채우고 있는 많은 것을 묘사할 때 **악**이라는 단어를 사용하지는 않는다. 오히려 겉으로만 봐서는, 우리 삶을 채우고 있는 것들이 그다지 나빠 보이지 않는다. 그리스도보다 그것들을 더 원할 때, 그리스도보다 그것들을 더 사랑하기 시작할 때 문제가 발생한다.

예레미야에 따르면, 하나님은 우리가 하나님이 아닌 다른 것을 우리 삶을 기쁨으로 채우는 근원으로 여기는 것을 중대한 악이라고 보신다. 하나님과의 동행에 굶주린 채 날마다 이 세상의 무언가(물질이든 경험이든 사람이든)를 맛보러 찾아다니는 것은 그저 나쁜 습관에 지나지 않고 잘못된 것이다. 이 세상이 주는 것들을 즐기면서, 하나님이 주시는 생수의 근원으로 목을 축이려 하지 않고 그분을 맛보고 누리려 하지 않는 것은 분명히 그분의 마음을 아프게 한다.

그러면 우리가 그런 상태라는 것을 어떻게 알 수 있을까? 우리 마음을 확인할 한 가지 방법은 시편 73편으로 시험해 보는 것이다. 시편 73편 25-26절은 이렇게 말한다.

하늘에서는 주 외에 누가 내게 있으리요 땅에서는 주밖에 내가 사모할 이 없나이다 내 육체와 마음은 쇠약하나 하나님은 내 마음의 반석이시요 영원한 분깃이시라.

당신이 하나님께 시편 기자의 이 말씀을 진심으로 드리는 모습을 상상할 수 있겠는가? 땅에서는 주밖에 사모할 이 없다고 말하기를 망설이게 만드는 사람이나 물건이 있는가? 가까운 사람들이 당신 삶을 생기 있게 만드는 것, 당신이 가장 많이 이야기하고 일정을 조정해서라도 누리기 위해 애쓰는 것을 말해 준다면, 그것은 무엇일까? 당신이 가장 좋아하는 스포츠팀? 취미? 정당? 직업적 성공?

하나님만 계셔야 할 자리를 위협하는 사람이나 물건은 당신이 물을 마시기 위해 스스로 판 우물이다. 결국에는 이 우물, 곧 웅덩이가 터진 웅덩이임을 알게 될 것이다. 이 웅덩이는 물을 가두지 못한다. 당신의 모든 기대감을 담아내지 못한다. 궁극적으로 이 웅덩이는 당신이 갈망하는 행복과 안전과 생명을 전달해 주지 못할 것이다.

열심히 일하면 탄탄대로일 것으로 생각하는 그 경력? 터진 웅덩이다. 당신이 생각하는 만족을 주지 못한다. 노년까지 당신의 삶을 기쁨으로 채워 줄 완벽한 가족? 이 웅덩이에는 지금 당신 눈에는 보이지 않는 틈이 있다. 꼬박꼬박 월급을 모아 쌓고 있는 화려한 생활 방식? 그것도 당신에게 만족을 주기에는 부족하다. 당신이 날마다 유지하기 위해 애쓰는 건강이나 아름다움? 그건 그리 오래가지 못한다.

예레미야가 예언하고 있는 백성, 곧 남유다 왕국 두 지파는 북왕국 열 지파가 우상을 포기하고 하나님만 예배하기를 거부했을 때 무슨 일이 벌어졌는지 이미 목격했다. 하나님은 앗수르를 사용하셔서 그들의 우상 숭배를 무너뜨리셨다. 앗수르인들은 이스라엘을 쓸어 버렸다. 그들을 데려다가 앗수르가 정복한 온 땅에 흩어 버렸다. 그러고 나서 앗수르 사람들은 다른 정복민을 이스라엘에 들여왔는데, 그들은 자기들의 신도 함께 들여왔다. 그들은 그 땅에 남아 있던 몇몇 이스라엘 사람들과 결혼했고, 그들의 혼혈 후손 사마리아인들은 예수님 시대에 이스라엘 백성에게 혐오의 대상이 되었다.

그중 한 명이 신약성경 요한복음에서 소개하는 사마리아인이다. 그 여인은 목이 말랐다. 사랑에 목이 말랐다.

우물가의 갈증

한낮이었다. 그녀는 우물에 물을 길으러 왔다. 대낮의 더위를 뚫고 돌아가야 한다. 힘이 많이 들고 열사병도 일으킬 수 있기에 마을의 다른 여인들은 피하는 시간대였다. 그런데 이 여인은 무더위 속에 기꺼이 그 부담을 지려 했다. 앞으로 살펴볼 대화에서 확연하게 드러날 이유로, 마을의 다른 여인들과 마주치고 싶지 않았기 때문이다.

우물에 도착하자 한 유대인 남자가 마실 물을 달라고 했다. 이 부탁은 어느 모로 보나 잘못되었다. 여인은 사마리아인이고 그는 유대인이었다. 사마리아인과 유대인은 컵을 같이 사용하기는커녕 서로 말도 섞지 않았다. 여인은 남자의 부탁에 난색을 보였는데, 그의 대답은 연이은 난색과 함께 혼란을 불러왔다.

> 예수께서 대답하여 이르시되 네가 만일 하나님의 선물과 또 네게 물 좀 달라 하는 이가 누구인 줄 알았더라면 네가 그에게 구하였을 것이요 그가 생수를 네게 주었으리라(요 4:10).

'하나님의 선물이라니? 그이가 누구인 줄 알았더라면? 생수는 또 뭐지?'

사마리아인들에게는 모세 율법만 있고 나머지 구약은 없었다. 그래서 이 여인은 하나님이 자신을 생수의 근원으로 묘사하신 예레미야서 내용을 잘 몰랐을 것이다. 하지만 모세가 광야에서 지팡이로 바위를 내리쳐서 물을 얻었다는 조상들 이야기는 잘 알고 있었을 것이다. 그래서 이 "생수" 비유가 익숙했을지도 모른다. 이 낯선 사람이 우물에서 물 마시는 이야기를 했을 때 그가 구약성경에서 가져온 인격적인 사랑의 친밀한 언어, 결혼이나 성적인 관계의 은유를 사용하고 있다는 것을 여인은 알았을 것이다. 혹은 여인은 마실 물이 아니라 영혼의 생수를 제안한 것을 의도적으로 모르는 척했을지도 모른다. 그녀가 생각할 수 있는 것이라고는 물 길을 그릇과 자신의 갈증밖에 없는 것처럼 말이다.

여자가 이르되 주여 물 길을 그릇도 없고 이 우물은 깊은데 어디서 당신이 그 생수를 얻겠사옵나이까… 예수께서 대답하여 이르시되 이 물을 마시는 자마다 다시 목마르려니와 내가 주는 물을 마시는 자는 영원히 목마르지 아니하리니 내가 주는 물은 그 속에서 영생하도록 솟아나는 샘물이 되리라(요 4:11, 13-14).

우리는 영생의 약속이라고 하면 지금이 아니라 미래에 필요한 것으로 생각할 수도 있다. 현재 우리의 가장 긴급한 필요에 눈이 고정되어 있어서 영생은 내세나 현실 도피 같은 이야기로 들릴 수 있다. 하지만 예수님은 단순히 우리가 지금 소유한 삶의 양이나 길이에 대해 말씀하고 계시지 않았다. 에덴의 경험을 능가하는 삶의 특징에 대해 말씀하고 계셨다. 그런데도 이 여인은 도통 알아듣지 못했다.

여자가 이르되 주여 그런 물을 내게 주사 목마르지도 않고 또 여기 물 길으러 오지도 않게 하옵소서(요 4:15).

예수님은 여인에게 컵으로 마실 수 있는 물을 주시려는 것이 아니었다. 마음으로 마실 수 있는 물을 주시려 했다. 여인을 만족시키고 그녀가 그토록 갈망하던 생명과 사랑을 줄 수 있는 관계를 허락하고 계셨다. 그분은 여인의 조상들처럼 그녀 역시 생수의 근원을 버리고 물을 가두지 못하는 웅덩이를 판 것을 보실 수 있었다. 그래서 예수님은 여인이 자신의 터진 웅덩이를 볼 수 있게 도우셨다.

> 이르시되 가서 네 남편을 불러오라 여자가 대답하여 이르되 나는 남편이 없나이다 예수께서 이르시되 네가 남편이 없다 하는 말이 옳도다 너에게 남편 다섯이 있었고 지금 있는 자도 네 남편이 아니니 네 말이 참되도다(요 4:16-18).

결혼식을 되풀이한 이 여인의 삶은 이루지 못한 꿈의 연속이었다. 새로운 남자를 만날 때마다 여인은 희망과 원대한 계획, 간절한 기대감을 세우고 찰나의 기쁨을 얻었다. 그 기쁨은 순식간에 환멸과 자포자기한 실망, 실패 그리고 마침내는 절망으로 빠져들었다.

매번 다른 사람을 만나 약간의 매력을 느낄 때마다 여인은 그 사람이야말로 생수의 근원이 되어 주리라고 기대했다. 자신이 원하는 방식으로 자신을 채워 줄지도 모른다는 희망을 품었다. 여인의 다섯 남편은 모두 그녀를 이용하고 버린 나쁜 사람이었는지도 모른다. 아니면, 그중에 한두 명은 좋은 사람이었지만 그저 그녀의 기대를 충족해 주지 못했을 뿐인지도 모른다. 그들은 여인의 기대감과 요구 사항을 점점 더 견딜 수 없었을 것이다. 리코 타이스(Rico Tice)가 어느 설교에서 말했듯이, "생수에 대한 다른 사람의 갈증을 해소해 주어야 한다는 기대감은 그 어떤 인간에게도 끔찍한 부담을 준다."[13]

우물가에서 만난 이 사람의 말은 여인에게 엄청난 수치심을 안겨 주었을 것이다. 그러나 그는 여인에게 수치심을 주려는 의도가 아니었다. 그는 그녀가 육신의 목마름보다 훨씬 더 중요한 자기 인생의 목마름을 보도록 도우려고 애쓰고 있었다. 여인은 남들이 자신을 알아주고 사랑해 주기를 갈망했다. 하나님이 원래 의도하셨던 삶의 방식에 목이 말랐다. 순간의 쾌락을 초월하여 만족감을 느끼고 인정과 양육과 애정을 받고자 하는 채워지지 않는 갈증이 있었다. 그리고 여기 예수님이 계셨다. 그분은 그녀가 맺은 모든 관계로도 채워지지 않았던 내면의 갈증을 채워 줄 물을 주려 하셨다.

나는 이야기를 잠시 멈추고 당신이 자신의 목마름을 평가해 보도록 권하고 싶다. 당신은 하나님만이 하실 방법으로 당신을 채워 줄 사람을 찾아 헤매지는 않았는가? 공허함을 채우려고 이곳저곳 옮겨 다니고 있지는 않은가? 이 관계에서 저 관계로, 이전 직업에서 다음 직업으로, 이번 휴가에서 다음 휴가로?

예수님은 우리 각 사람을 찾아오셔서 이렇게 말씀하신다. "내게로 와서 마셔라. 네 갈증을 해소해 줄 수 있는 사람은 나밖에 없다는 것을 알려무나."

잔치 자리의 갈증

얼마 후에는 초막절이었다. 초막절은 전 세계 신실한 유대인들이 예루살렘 성으로 모이는 날이었다. 절기 내내 아침마다 대제사장은 실로암 연못에 물을 공급하는 기혼 샘에서 물을 길었다. 대제사장이 물을 채우는 동안 백성은 "그러므로 너희가 기쁨으로 구원의 우물들에서 물을 길으리로다"(사 12:3)라고 노래했다. 그리고 나서 제사장은 사람들의 행렬을 이끌어 성전으로 가서 제단에 물을 부었다. 이 연례 의식은 광야 바위에서 생수가 흘러나와 자기 조상의 끔찍한 갈증을 해소해 주었던 때를 사람들에게 일깨워 주었다. 그러나 이 의식은 사람들에게 선지자 스가랴와 에스겔이 기록한 앞날을 가리켜 주기도 했다. 그날에 생명을 주고 치유하는 물이 예루살렘 성전에서 흘러나와 건너기 힘들 정도로 깊은 강을 이룰 것이다. 에스겔은 "이 강이 이르는 각처에 모든 것이 살 것이며"(겔 47:9; 슥 14:8 참조)라고 기록했다. 백성은 이 절기를 지키면서 예루살렘 성전에서 생수가 흘러나와 전 세계를 덮을 그날을 고대했다.

절기를 지키기 위해 예루살렘에 운집한 수많은 인파를 마음속에 그려 보자. 길어서 가져다가 성전 제단에 부은 물을 상상해 보자. 그런 다음, 인파 가운데로 울려 퍼지는 예수님의 목소리를 듣는 기분이 어땠을지 상상해 보자.

명절 끝날 곧 큰 날에 예수께서 서서 외쳐 이르시되 누구든지 목마르거든 내게로 와서 마시라 나를 믿는 자는 성경에 이름과 같이 그 배에서 생수의 강이 흘러나오리라 하시니(요 7:37-38).

얼마나 놀라운 초대인가! 누구든지 목마르거든. 누구든지 그분을 믿기만 하면. 예수님만 주실 수 있는 시원한 물을 고개를 숙이고 마시라는 열린 초대다. 예수님은 우리가 그분을 믿을 때 성령님을 허락하시고 성령님이 우리 안에 생명을 만들어 내기 시작하신다고 말씀하신다.

그러나 이 생수를 부으시기 위해 예수님은 죽으셔야 했다. 모세가 광야에서 심판의 막대기로 바위를 쳐서 사람들이 마실 물이 흘러나왔듯이, 예수님도 십자가에서 하나님의 심판의 막대기를 받으셔야 했다. 하나님이 예수님을 치시자 생수가 흘러나와 나와 당신 같은 사람들이 쉴 새 없이 마실 수 있게 되었다.

예수님은 십자가에서 "내가 목마르다"(요 19:28)라고 소리치셨다. 그분은 당신과 내가 영원히 경험해야 할 고통스러운 갈증을 대신 겪으셨다. 그래서 당신과 내가 영원히 목마르지 않게 되었다. 그분의 혀가 입천장에 붙고 죽음의 진토 속에 누우셔서(시 22:15 참조) 당신과 내가 성령님이 주시는 생수를 마시고 영광스러운 생명으로 다시 살게 되었다.

그러니 이렇게 묻고 싶다. 당신은 마시는 사람인가? 그것이 그리스도인이라는 뜻이다. 일회성 종교적 체험이나 결정으로 그리스도인이 되지 않는다. 하나님을 향한 목마름이 있는 사람, 그래서 그리스도라는 샘물을 날마다 마시는 자가 그리스도인이다. 아니면, 당신은 어쩌다 한 번 그리스도를 한 모금씩 마시지만 다른 웅덩이에서 나오는 것으로 영혼을 채우고 있지는 않은가? 이쯤 되면, 당신이 만든 웅덩이에서 나오는 것으로 충분할지 모른다. 맛도 달고 시원할지 모르겠다. 하지만 그것은 오래가지 못한다. 다른 어떤 근원도 그리스도가 주시는 생명을 대신할 수 없다. 다른 모든 물의 근원은 결국 바닥나기 마련이다. 그렇게 되면 당신은 영적인 갈증으로 사망할 것이다.

다시는 목마르지 아니하리니

하지만 당신은 탈수증으로 죽지 않아도 된다. 예수님이 우물가의 사마리아 여인과 초막절에 예루살렘에 모인 군중에게 생수를 주셨듯이, 오늘 당신에게도 그분 자신을 생수로 주신다. 사실 성경은 목마른 자들에게 와서 마시라는 열린 초대로 끝이 난다.

성령과 신부가 말씀하시기를 오라 하시는도다 듣는 자도 오라 할 것이요 목마른 자도 올 것이요 또 원하는 자는 값없이 생명수를 받으라 하시더라(계 22:17).

사랑받고자 하는 당신의 깊은 필요를 채워 줄 누군가를 찾느라 남은 인생을 허비하지 않아도 된다. 오히려 생수의 샘에서 물을 마시면서 지속적인 만족을 얻으리라 기대할 수 있다. 요한계시록에 기록된 약속들이 우리가 영원히 살아갈 실재가 될 그때에 비로소 임할 궁극적이고 영원한 만족을 고대하는 동안에도 말이다.

> 그들이 다시는 주리지도 아니하며 목마르지도 아니하고 해나 아무 뜨거운 기운에 상하지도 아니하리니 이는 보좌 가운데에 계신 어린 양이 그들의 목자가 되사 생명수 샘으로 인도하시고 하나님께서 그들의 눈에서 모든 눈물을 씻어 주실 것임이라(계 7:16-17).

친구여, 인간의 일시적인 결혼이라는 그림자가 그리스도와 그 신부의 영원한 결혼이라는 실체에 자리를 비켜 줄 날이 오고 있다. 이것은 역사상 가장 행복하고 만족스러운 결혼일 것이다. 그때까지는 그 어떤 인간도 우리를 완벽하게 채워 주리라고 기대할 수 없다. 아무리 좋은 관계라 해도 인간이 맺은 관계는 온전한 만족, 완벽한 조화, 이 궁극적이고 영원한 결혼이 제공해 줄 친밀감에 대한 기대감의 무게를 견딜 수 없다. 오히려 어딘가 부족한 우리의 결혼 생활이나 결혼에 대한 갈망이 앞으로 임할 이 완벽한 결혼을 계속해서 고대하게 하는 역할을 할 수 있다. 우리는 하나님이 우리의 공허함에 역사하셔서 우리를 그분께 이끄시기를 기대할 수 있다.

결혼했든 비혼이든, 이혼했든 사별했든, 우리 인생은 이 더 좋은 결혼을 위한 갈망을 키워 가는 과정이다. 그리고 언젠가 그 갈망은 채워질 것이다. 사랑받고자 하는 이 갈망을 억누르지 말라. 이렇게 영원히 당신을 사랑하실 수 있는 유일한 분께 **당신의 갈망을 올려 드리라.**[14]

God Does
His Best Work
with Empty

6.
사라지는 숨결

의미로 공허함을 채우시는 하나님

사람들이 로튼 토마토(Rotten Tomatoes)나 트립어드바이저(TripAdvisor) 같은 웹사이트를 좋아하는 이유는 뭘까? 왜 사람들은 아마존(Amazon) 서평이나 옐프(Yelp) 레스토랑 평가를 찾아볼까? 먼저 영화를 보거나 호텔에 묵거나 책을 읽거나 식당을 이용해 본 사람들에게서 솔직한 의견을 듣고 싶기 때문이다. 이미 경험해 본 사람들에게서 무엇을 기대하고 무엇을 피해야 하며 무엇을 즐겨야 할지 정보를 얻고 싶은 것이다.

어떤 의미에서, 전도서는 때로 혼란스럽고 절망적이기까지 한 이 열두 장의 책을 묵묵히 읽어 나가려는 사람들에게 그런 통찰을 제공

한다. 고대 지혜가 담긴 이 책의 내용을 이해하는 한 가지 방법은 우리가 커피숍에서 저자 맞은편에 앉아 있다고 생각하는 것이다. 절대 평범한 대화는 아닐 것이다. 우리는 인생에서 가장 심오한 주제들을 생각해 보려 한다.

하지만 우리와 함께 앉아 있는 사람은 이 책의 대부분을 차지하는 인생 비평을 쓴 이가 아닌 것 같다. 오히려 우리는 책 맨 앞에 그 비평가를 내세우고 마지막에는 그의 비평에 대해 논평하는 해설자와 마주하고 있는 듯하다. 전도서를 시작하고 끝내는 이 해설자는 다른 사람이 찾아보고 보고한 내용을 우리에게 말해 주고 나서 자신의 결론을 덧붙인다. 우리는 이 해설자를 멘토라고 부르고, 해 아래 삶에 대한 비평을 기록한 사람을 '코헬렛'(*Qoheleth*)의 약자인 '큐'(Q)로 부를 것이다. '코헬렛'은 전도서에서 이 비평 쓴 사람을 가리킬 때 사용하는 히브리 이름 혹은 칭호로 '선생'이나 '위원장'이라는 뜻이다.

우리의 멘토이자 해설자는 시작하면서 큐의 결론을 간단하게 인용하고 나서, 책의 나머지 부분에서 내내 깊이 생각해 볼 질문을 던진다.

전도자가 이르되 헛되고 헛되며 헛되고 헛되니 모든 것이 헛되도다 해 아래에서 수고하는 모든 수고가 사람에게 무엇이 유익한가 한 세대는 가고 한 세대는 오되 땅은 영원히 있도다 해는 뜨고 해는 지되 그 떴던 곳으로 빨리 돌아가고 바람은 남으로 불다가 북으로 돌아가며 이리 돌며 저리 돌아 바람은 그 불던 곳으로 돌아가고 모든 강물은 다 바다로 흐르되 바다를 채우지 못하며 강물은 어느 곳으로 흐르든지 그리로 연하여 흐르느니라 모든 만물이 피곤하다는 것을 사람이 말로 다 말할 수는 없나니 눈은 보아도 족함이 없고 귀는 들어도 가득 차지 아니하도다(전 1:2-8).

불만족, 불만, 지루함, 헛수고의 끝없는 반복. 이런 것들로 인해 큐는 답을 찾아보기 시작했다. 당신도 이런 것들이 익숙하지 않은가? 때로는 인생이라는 것이 온전히 채워지지 않는 욕구를 밑 빠진 독에 계속해서 붓고 있는 느낌이다. 큐가 인생을 살아가면서 답을 찾아 헤맨 이야기를 읽고 있다 보면, 그의 결론에 구미가 당긴다. 우리 인생 경험도 그와 아주 비슷하기 때문이다.

우리의 멘토는 이 도입부에 이어서 열한 장을 할애하여 큐의 경험에 근거한 통찰을 통해 우리가 출생과 죽음 사이에서 이 땅을 살아가는 동안 기대하고 피하며 누려야 할 것을 알려 준다.

큐의 인생 비평: 헛되다

우리 멘토가 "해 아래" 삶에 대한 큐의 신중한 비평을 시작하자마자, 우리는 처음부터 그가 평범한 관찰자로서 우리에게 이야기하는 것이 아님을 알 수 있다. 오히려 큐는 "마음을 다하며 지혜를 써서 하늘 아래에서 행하는 모든 일을 연구하며 살[폈다]"(1:13). 철저한 탐구와 조사를 거친 그의 연구는 매우 진지했다. 큐는 이 세상의 삶을 이해하기 위해 애쓰는 가장 중요한 과제에 마음을 다했고, 연구 결과의 제목은 다음과 같았다. "헛되고 헛되며 헛되고 헛되니 모든 것이 헛되도다"(1:2; 12:8 참조). 큐는 우리 인생이 한낱 연기와 같아서, 추운 날 쉬이 사라져 버리는 따스한 숨결 같아서 영구한 영향력도 없고 지속적인 인상도 남기지 못한다고 말하고 있는 듯하다.

그의 말은 삶의 공허함을 채워 줄 무언가를 찾고 있는 우리에게 희소식 같지는 않다. 그런데 계속된 그의 말은 설상가상이다.

> 내가 해 아래에서 행하는 모든 일을 보았노라 보라 모두 다 헛되어 바람을 잡으려는 것이로다 구부러진 것도 곧게 할 수 없고 모자란 것도 셀 수 없도다(1:14-15).

큐가 가장 먼저 말하려는 내용은 이런 뜻인 듯싶다.

삶이 뜻대로 되지 않을 때는 당신 잘못도 아니고 세상 잘못도 아니다.

큐의 말을 읽다 보면 만물이 끔찍하게 잘못되기 이전에 세상이 온전했던 때가 있었다는 사실을 떠올릴 수밖에 없다. 온 인류가(당시에는 아담과 하와뿐이었지만) "해 아래에서"(당시에는 에덴동산) 살던 때가 있었다. 그들은 목적과 의미로 충만한 삶을 살았다. 두 사람의 관계에는 갈등도 없었고, 수치심을 일으킬 원인도 없었으며, 일은 매우 만족스러웠다. 그런데 아담과 하와가 하나님께 순종하지 않고 악한 뱀의 말에 귀를 기울였을 때 이 모든 게 무너져 버렸다. 이들이 죄를 짓자 그 죄의 영향력이 온 창조 세계에 스며들어 타락시켰다. 한 몸이던 아담과 하와의 관계는 분열되었다. 친밀했던 하나님과의 관계는 소원해졌다. 만족스러운 일이 좌절로 변해 버렸다. 영광스러운 기대로 가득 찼던 미래는 끔찍한 죽음으로 변했다.

이 세상이 얼마나 엉망진창인지 듣기가 괴로운 만큼이나 이 현실을 받아들이는 것이 우리에게 유익하다. 그렇게 함으로써 우리 인생은 다를 것이라는 비현실적인 기대감에서 우리를 구원할 힘이 생기기 때문이다. 이런 현실을 받아들이면, 사고가 발생하고 몸이 늙어 가고 관계가 깨져도 많이 놀라지 않을 것이다. 우리는 세상에 존재할 수밖에 없는 무의미한 고통을 만날 때 평범하지 않은 뜻밖의 일이 벌어진 것처럼 반응할 때가 많다. 그러나 큐는 이 세상의 삶은 힘들고 엉망진창이라고 **기대해야** 한다고 말하고 있는 듯하다.

당신과 나는 설명하기 어렵고 예상치 못한 일, 견디기 힘든 일이 일어날 것이라고 예상해야 한다. 우리가 계획하지 않은 일, 아무리 해도 이해가 되지 않는 일, 깨진 세상이 우리 삶 속으로 들어오는 일을 예상해야 한다. 우리는 이 지혜를 거부하므로 더 거기에 귀를 기울여야 한다. 우리는 이 현실을 외면한다. 올바른 태도로 옳은 일을 하기만 하면, 편안하고 만족스러운 삶이 지속되고 자신의 '운명'을 달성할 수 있으리라고 생각한다.

우리는 '인생을 제대로 살 수만 있다면…'이라고 생각하기에 큐의 가르침이 필요하다.

우리에게 꼭 맞는 일을 찾아 할 수만 있다면,

천생연분인 배우자를 만나 결혼 생활을 유지할 수만 있다면,

건강하고 말 잘 듣는 자녀를 적당히 낳아 키울 수만 있다면,

원하는 집과 차, 교육과 휴가를 누리기에 부족하지 않은 돈을 벌 수만 있다면,

우리에게서 무언가를 착취하기보다 우리가 이바지할 수 있는 공동체를 만날 수만 있다면,

우리가 열망하는 목표를 달성할 수만 있다면,

그러면 행복할 텐데.

그러면 만족할 텐데.

그러면 더는 이런 생각…

더 가져야 한다는 생각,

더 행동해야 한다는 생각,

더 경험해야 한다는 생각,

더 사랑받아야 한다는 생각,

내 존재가 충분하지 않다는 생각에 시달리지 않을 텐데.

하지만 그 말은 사실이 아니다.

이 세상은 그 성격상 우리가 지속적인 만족감을 경험하지 못하게 만든다. 마치 우리 영혼의 중심을 통과하는 우주의 중심에 틈이 있어서 우리가 손에 넣은 만족감이 서서히 새어 나가는 것만 같다. 만족감은 오래 지속되지 못한다.

- 누군가에게 칭찬받으면 마음속 깊은 곳에서 기쁨을 느낀다. 하지만 또 다른 누군가가 우리를 조금만 비난하거나 알아봐 주지 않으면 그 만족감은 금세 사라져 버린다.
- 우리가 찾고 공들인 그것(새 집, 새 차, 새 소파, 새 코, 새 배우자)을 마침내 손에 넣었는데, 눈 깜짝할 새에 만족감이 사라져 버린다. 그리고 더 좋은 것을 꿈꾸기 시작한다.
- 어떤 구체적인 목표를 위해 평생 저축했는데, 비양심적인 자산 관리사를 만나거나 투자에 실패하여 그 돈을 몽땅 날린다.
- 드디어 은퇴를 맞이하여 이제는 배우자와 여행이나 다니면서 인생을 즐기겠다고 생각하지만, 배우자를 잃고 혼자 여생을 맞이해야 한다.

이쯤 되면 독자들은 이 장의 내용을 정말 부정적으로 생각하기 시작할 것이다. 당신에게 믿음이 충분하다면, 당신이 제대로 행동하기만 한다면, 제대로 기도하기만 한다면 만사가 잘될 것이라고 말해 줄 다른 전문가들도 세상에는 많은데 말이다. 당신이 맺고 있는 관계가 바로잡히고, 당신의 꿈이 이루어지며, 당신은 자신이 바라던 삶을 사는 자신이 바라던 사람이 될 것이다. 그러나 큐가 말하는 이런 부정적인 내용에는 다 그럴 만한 이유가 있다. 그는 우리에게 진실을 전달하고 있다. 그는 이런저런 자기 계발 전략과 '믿기만 하면' 된다는 메시지 같은 것들이 얼마나 제한적인지, 혹은 그것들의 긍정적인 영향이 얼마나 지속적인지에 대해 현실적으로 알려 준다.

해 아래 삶은 여러 면에서 이해되지 않는 것투성이다. 그리스도인의 삶이라고 해서 예외가 아니다. 그리스도인으로 산다는 것은 그런 삶의 특성을 받아들인다는 뜻이다.[15]

가치 있는 것을 찾아 헤맨 큐의 탐색

큐는 세상의 본질적인 문제를 언급한 후, 자신이 인생에서 만족과 의미를 찾기 위해 개인적으로 시도해 본 일들을 나열하기 시작한다.

나는 내 마음에 이르기를 자, 내가 시험 삼아 너를 즐겁게 하리니 너는 낙을 누리라 하였으나 보라 이것도 헛되도다 내가 웃음에 관하여 말하여 이르기를 그것은 미친 것이라 하였고 희락에 대하여 이르기를 이것이 무슨 소용이 있는가 하였노라 내가 내 마음으로 깊이 생각

하기를 내가 어떻게 하여야 내 마음을 지혜로 다스리면서 술로 내 육
신을 즐겁게 할까 또 내가 어떻게 하여야 천하의 인생들이 그들의 인
생을 살아가는 동안 어떤 것이 선한 일인지를 알아볼 때까지 내 어
리석음을 꼭 붙잡아 둘까 하여 나의 사업을 크게 하였노라 내가 나를
위하여 집들을 짓고 포도원을 일구며 여러 동산과 과원을 만들고 그
가운데에 각종 과목을 심었으며 나를 위하여 수목을 기르는 삼림에
물을 주기 위하여 못들을 팠으며 남녀 노비들을 사기도 하였고 나를
위하여 집에서 종들을 낳기도 하였으며 나보다 먼저 예루살렘에 있
던 모든 자들보다도 내가 소와 양 떼의 소유를 더 많이 가졌으며 은
금과 왕들이 소유한 보배와 여러 지방의 보배를 나를 위하여 쌓고 또
노래하는 남녀들과 인생들이 기뻐하는 처첩들을 많이 두었노라 내
가 이같이 창성하여 나보다 먼저 예루살렘에 있던 모든 자들보다 더
창성하니 내 지혜도 내게 여전하도다 무엇이든지 내 눈이 원하는 것
을 내가 금하지 아니하며 무엇이든지 내 마음이 즐거워하는 것을 내
가 막지 아니하였으니 이는 나의 모든 수고를 내 마음이 기뻐하였음
이라 이것이 나의 모든 수고로 말미암아 얻은 몫이로다 그 후에 내가
생각해 본즉 내 손으로 한 모든 일과 내가 수고한 모든 것이 다 헛되
어 바람을 잡는 것이며 해 아래에서 무익한 것이로다(2:1-11).

큐는 인생의 의미, 곧 삶의 고통을 덜어 줄 무언가를 찾아 전력을
다한 자신의 여정을 들려준다. 그는 수많은 현대인이 공허함을 채우

려고 필사적으로 시도해 본 것과 같은 일들을 시도해 보았다. 그가 우리와 동시대에 살았다면, 아마 앞의 성경 본문은 이런 식으로 흘러갔을 것이다. "나는 쾌락을 즐기기도 하고, 심각한 것은 죄다 피해 보기도 했다. 술로 자신을 달래 보기도 했다. 내가 살 수 있는 가장 큰 집을 사서 마을 최고 조경사에게 조경을 맡겼다. 내 명령을 따르는 사람들과 내 미래를 보장해 줄 금융 지주 회사들을 거느리고 크게 사업도 해 보았다. 좋아하는 밴드의 공연에도 가 보고, 수많은 파트너와 성관계도 즐겨 보았다. 열심히 일하고, 열심히 놀고, 원하는 것은 다 해 보았다. 그런데 아무것도 행복을 주지 못했다. 그 행복이란 찰나에 불과했다."

우리도 안다. 돈이 아무리 많아도 늘 조금 더 원하기 마련이다. 즐거움이 아무리 커도 그 만족감은 오래가지 못한다. '만족'을 찾으려는 것은 늘 바람을 잡는 것과 같다. 손에 넣을 수가 없다.

큐는 자신의 탐색 끝에 유용한 통찰을 생각해 낸 듯하다. 조금 뒤에 그는 이렇게 말한다.

> 사람이 하나님께서 그에게 주신 바 그 일평생에 먹고 마시며 해 아래에서 하는 모든 수고 중에서 낙을 보는 것이 선하고 아름다움을 내가 보았나니 그것이 그의 몫이로다 또한 어떤 사람에게든지 하나님이 재물과 부요를 그에게 주사 능히 누리게 하시며 제 몫을 받아 수고함으로 즐거워하게 하신 것은 하나님의 선물이라(5:18-19).

시간이 흐르면서 어떤 사람들은 큐의 말을 가져다가 쾌락주의 주문으로 변질시켰다. 죽은 다음에는 아무것도 없으니 살아 있는 동안 실컷 즐기라는 식으로 말이다. 그러나 그것은 큐가 정말로 하려는 말과는 거리가 멀다. 그는 좋지 **않은** 것이 너무 많은 이 세상에서 하나님은 우리에게 좋은 것을 많이 허락하셨다고 말해 준다. 그리고 그것들을 통해 우리가 즐거워하게 하셨다. 사실, 그것들을 우리가 하나님께 요구한 것으로 여기지 않고 그것들이 하나님의 선물임을 인정하고 누릴 때는 하나님을 공경하는 셈이다.

즐거움을 찾아봤지만 만족하지 못했으며 단순한 즐거움을 누리라는 큐의 결론을 종합하자면, 그 요점은 이렇지 않을까 싶다.

이 세상 삶이 만족스럽지 못한 이유는 우리가 자신의 행복에 필요한 것을 소유하지 못해서가 아니라, 자신이 가진 것으로 행복하기를 거부하기 때문이다.

큐는 우리가 내일 다시 배고파지더라도 오늘 맛있게 먹기를 원한다. 다른 누군가가 우리 일에서 이익을 취하는 한이 있더라도 오늘의 성취를 누리길 원한다. 언젠가 죽음이 우리를 덮치는 날이 찾아오더라도 오늘 우리가 받은 건강을 즐기길 원한다. 그는 우리에게 이렇게 말하고 있는 것 같다. "손을 내밀어 하나님이 주시는 것을 받으세요. 그게 당신이 갈망하는 전부는 아니라고 해도 말입니다." 돈으로 살 수 있는 것들에 대한 감사, 돈을 벌어 주는 정직한 일, 그것들을 누릴 수 있는 건강은 해 아래 "괴로운" 삶(1:13) 가운데서 진정한 행복을 가져다준다.

큐는 우리가 '우리가 꿈꾸는 인생'에 대한 집착을 내려놓고 '있는 그대로의 인생'을 받아들이고 진심으로 즐길 수 있기를 원한다. 그는 우리가 맛있는 음식과 재미있는 농담, 잘 처리한 일, 좋은 친구를 즐기길 원한다. 지루하고 평범하고 불편하기까지 한 일상에서 우리와 함께하시는 하나님의 임재를 누리길 원한다. 결혼하면, 승진하면, 은퇴하면, 아이가 생기면, 아이들이 다 자라면 비로소 행복해지리라고 생각하면서 바람을 잡는 일을 그만두길 원한다. 그는 우리가 지금 자기 삶에서 단순한 즐거움을 충분히 음미하는 법을 배우길 원한다.

죽음에 대해 생각하라는 큐의 초대

큐는 우리가 이생의 단순한 즐거움을 누리면서 이생이 우리 생각보다 훨씬 더 짧을 수 있다는 사실을 온전히 인식하기를 바란다. 어떤 의미에서, 그는 우리가 이생을 더 분명히 볼 수 있는 특별한 안경을 끼기를 원한다. 그래서 죽음이라는 렌즈를 통해 삶을 바라보기를 원한다.

이쯤 되면 큐가 부정적이다 못해 병적이지 않은가 싶은 생각이 들 정도다. 하지만 그는 병적인 것이 아니라 지혜로운 것이다. 그는 우리에게 죽음을 부정하는 안전지대에서 벗어나라고 살며시 조언하고 있다. 이는 우리를 우울하게 만들려는 의도가 아니라, 인간의 유한성을 직면하는 것이 우리 삶을 피폐하게 하는 것이 아니라 오히려 풍성하게 한다고 알려 주기 위해서다. 큐는 말한다.

죽는 날이 출생하는 날보다 나으며 초상집에 가는 것이 잔칫집에 가는 것보다 나으니 모든 사람의 끝이 이와 같이 됨이라 산 자는 이것을 그의 마음에 둘지어다… 지혜자의 마음은 초상집에 있으되 우매한 자의 마음은 혼인집에 있느니라(7:1-2, 4).

그는 우리에게 이렇게 말하고 있다.
죽음이라는 실재를 직시하는 것은 우리 삶을 망치는 것이 아니라, 오히려 풍요롭게 한다.

두어 해 전, 고대와 현대 작가들이 죽음에 관해 쓴 짧은 글을 모아서 책을 냈다. 『나를 놓아주지 않는 사랑』(O Love That Will Not Let Me Go: Facing Death with Courageous Confidence in God)이라는 제목이었다.[16] 큐가 지금 살아 있다면 사람들에게 죽음에 관한 생각을 들어 보려는 내 작업을 좋게 생각해 주었을 것 같다.

그런데 책을 집필하면서, 사람들이 어쩔 수 없는 상황이 아니라면 죽음에 관해 생각하고 싶어 하지 않는 것을 알게 되었다. 내가 이런 책을 쓰고 있다고 말하면, 사람들은 흠칫 놀라는 기색이 역력했다.

책 전체를 죽음이라는 주제에 할애한다는 것은 병적이거나 암울해 보였다. 미신 때문에 그렇게 반응하는 사람들이 있다는 것을 안다. 그들은 자신도 죽을지 모른다는 생각 때문에 죽음에 대해 읽거나 생각하고 싶어 하지 않았다.

사람들에게 진실을 알리는 것이 내키지는 않았지만, 모든 사람은 언젠가 죽는다. 죽음을 생각하지 않거나 준비하지 않는다고 해서 그것을 늦추거나 피할 수 있는 것이 아니다. 오히려 죽음이라는 실재를 진지하게 숙고하면 우리 삶이 더욱 풍요해질 수 있다.

이 말이 헛소리처럼 들리는가, 아니면 일리 있다고 생각하는가?

우리가 죽음의 과정과 잠재적인 고통에만 집중한다면, 죽음을 생각하지 않으려는 경향이 이해가 가기도 한다. 확실히 우리는 죽음 때문에 사랑하는 사람들과 헤어지는 고통은 생각하고 싶어 하지 않는다. 그러나 죽음을 부정하거나 회피하지 않고 죽음에 대해 생각하고 이야기하는 것은 병적이거나 우울한 일이 아니다. 오히려 해방감과 자유를 준다. 우리를 피상성에서 벗어나게 해 준다. 중요한 것에 집중하고 중요하지 않은 것은 내려놓도록 도와준다. 죽음을 생각하는 것은 지혜의 핵심이다. 지혜는 어려운 현실을 무시하지 않기 때문이다.

공허함과 싸우는 사람들이 죽음이라는 실재를 진지하게 묵상한다면, 세상에서 우리가 손에 넣거나 달성한 모든 것에 유통 기한이 있다는 사실을 깨닫게 된다. 공허함을 채우기 위해 우리에게 꼭 필요하다고 생각하는 모든 것? 언젠가는 그것들을 손에서 내려놓아야만 한다. 생명을 포함해서 그 모든 것을 보내 주어야 할 그날이 올 것이다.

우리는 인생의 진정한 행복을 위해서는 좋은 결혼 생활이 필요하다고 생각할지도 모른다. 음, 그 약속은 '죽음이 우리를 갈라놓을 때까지'만 유효하다. 인간의 결혼 관계는 이생을 넘어서까지 존재하지 않는다. 변함없는 사랑을 발견했다 하더라도, 언젠가 우리는 사랑하는 그 사람을 보내 주어야 한다.

공허함을 채우기 위해서 일정 수준의 성취나 칭찬이 필요하다고 믿는 사람도 있다. 자신의 성취나 업적으로 인정받으면 공허함이 채워지리라고 생각하는 바로 그때, 죽음이 우리 옆구리를 쿡쿡 찌르며 알려 준다. 언젠가 우리가 받은 모든 트로피가 쓰레기통에 버려지고, 우리 이름을 새긴 건물이나 사업은 돌무더기가 된다고 말이다. 큐는 우리에게 말한다. "그가 모태에서 벌거벗고 나왔은즉 그 나온 대로 돌아가고 수고하여 얻은 것을 아무것도 자기 손에 가지고 가지 못하리니"(5:15).

언젠가 우리 자녀와 손주들이 우리가 다락이나 창고에 쌓아 두거나 서랍에 처박아 둔 온갖 것(유품으로 남더라도 아직은 차마 버릴 수 없었던 것)을 살펴보고 대부분은 쓰레기통에 버리거나 중고품 가게에 보낼 것이다.

이런 현실을 깨달으면 죽은 후에는 가져갈 수 없는 것들을 모으느라 돈과 삶을 허비하지 않고, 이 삶을 떠나서도 우리를 따라오는 것에만 자기 자신과 돈을 투자하고 싶어진다.

예수님은 말씀하셨다. "너희를 위하여 보물을 땅에 쌓아 두지 말라 거기는 좀과 동록이 해하며 도둑이 구멍을 뚫고 도둑질하느니라 오직 너희를 위하여 보물을 하늘에 쌓아 두라 거기는 좀이나 동록이 해하지 못하며 도둑이 구멍을 뚫지도 못하고 도둑질도 못하느니라"(마 6:19-20). 어떻게 해야 하늘에 보물을 쌓는가? 다른 사람을 사랑하고, 복음이 모든 민족과 방언과 나라 가운데 선포되는 하나님 나라의 우선순위를 앞당기는 데 우리 돈과 재산을 전략적이고 희생적으로 사용한다. 그리고 그 과정에서 우리는 **이렇게 자신을 준다고 해서 우리 삶이 텅 비지 않는다는 것을 발견한다. 오히려 진정한 의미와 영구한 의미로 삶이 채워진다. 우리가 그리스도를 위해, 그리스도를 통해, 그리스도 안에서 하는 모든 일은 영원히 중요하다.**

큐의 제한된 관점

우리 멘토는 전도서 마지막 부분에서 큐의 해 아래 인생 비평에 대한 발표를 마무리하면서, 큐가 인생이 헛되다고 한 내용을 어떻게 생각해야 하는지를 우리에게 말해 주는 듯하다.

전도자는 지혜자이어서 여전히 백성에게 지식을 가르쳤고 또 깊이 생각하고 연구하여 잠언을 많이 지었으며 전도자는 힘써 아름다운 말들을 구하였나니 진리의 말씀들을 정직하게 기록하였느니라(12:9-10).

해설자는 확실히 큐의 말이 옳은 부분도 있다고 우리에게 말한다. 큐는 삶의 피상성과 모순을 보여 주는 데 능숙했다. 하지만 그는 우리가 알아야 할 모든 것을 말해 주지는 않았다.

내 아들아 또 이것들로부터 경계를 받으라 많은 책들을 짓는 것은 끝이 없고 많이 공부하는 것은 몸을 피곤하게 하느니라(12:12).

우리 멘토는 우리에게 평생 이 세상을 이해하려고 애쓰지는 말라고 경고하고 있는 것 같다. 진리를 찾거나 진리에 기초해 결정하거나 진리를 받아들이지 않고, 계속해서 영적 탐색에 빠져 있는 것에 대해 경고한다. 어쩌면 그는 우리에게 이렇게 말하고 있는 듯싶다. "당신의 제한된 능력과 이 세상의 제한된 지식을 활용하여 평생토록 연구하고도, 세상이 돌아가는 원리나 하나님이 그분의 방식대로 그분의 목적을 이루어 가시는 이유를 결코 완벽하게 알 수는 없다. 그러니 이 모든 것을 이해할 수 있고, 그렇게 되면 만족을 얻으리라고 생각하면서 끊임없이 연구하고 탐색하지 말라. **우리가 알고 싶어 하는 모든 것을 우리에게 드러내시지는 않았을지라도, 우리가 그분**

을 신뢰할 만큼 충분히 그분에 대해 계시하신 하나님을 신뢰하라."

그러고 나서 해설자는 큐가 말한 모든 내용을 어떻게 받아들여야 하는지 결론을 이야기한다. 그 결론은 우리가 기대한 것(어쩌면 우리가 바라는 것)보다 훨씬 더 짧고 간단하다.

> 일의 결국을 다 들었으니 하나님을 경외하고 그의 명령들을 지킬지어다 이것이 모든 사람의 본분이니라(12:13).

삶은 헛되고 아무것도 아니라는 큐의 주장에 대한 우리 멘토의 반응을 통해 무엇이 우리 삶을 의미와 영원한 중요성으로 채우는지 엿볼 수 있다. 이 망가진 세상에서 하나님을 우리의 가장 큰 관심과 애정의 대상으로 중심에 모시고 사는 것이다.

하나님을 경외한다는 것은 그분을 진지하게 생각하고, 그분을 우리 삶의 최고선으로 인정하며, 그분을 경배하고 공경하고 예배하고, 우리 삶의 중심에 그분을 모시는 것이다. 우리는 모든 것을 알 수 없지만 하나님은 아신다고 믿고, 엉망진창인 세상에서 살아가는 것이다. 우리는 모든 것이 합력하여 선을 이루고 그분께 영광이 된다는 것을 볼 수 없지만, 하나님은 보실 수 있다.

우리가 각자의 길을 가기 전에 멘토가 주는 마지막 당부는 다음과 같다.

하나님은 모든 행위와 모든 은밀한 일을 선악 간에 심판하시리라 (12:14).

왜 이것이 마지막 말일까? 어쩌면 이 말은 당신에게 씁쓸한 현실을 알려 주는 마지막 일격처럼 들릴 수 있다. 커피숍 맞은편 자리에 앉아 있는 당신에게 관심 있는 누군가보다는, 동네 광장에서 "심판을 준비하라!"라고 쓴 표지판을 입고 당신을 손가락으로 가리키는 긴 수염 사내가 떠오를지도 모르겠다.

그러나 이 마지막 말씀은 사실 당신을 격려하기 위한 것이다. 우리의 멘토는 큐가 반복해서 주장하는 것처럼 인생이 헛되지 않다고 확인해 주는 것 같다. 우리 삶은 금방 사라져 버릴 수증기가 아니다. 그가 우리에게 해 주고 싶었던 말은 이런 것일지 모른다.

삶이 아무 의미 없어 보일 때는 우리 결론이 틀린 것이 아니라 우리 관점이 제한적이기 때문이다.

큐는 "해 아래에서"라는 자신의 관점에서 삶의 경험을 평가했다. 그는 자신이 관찰하고 생각한 것을 바탕으로 말했다. 그러나 거기에는 계시, 곧 하나님이 주신 말씀이 빠져 있는 듯하다. 그래서 전도서 마지막 부분에서 우리의 멘토가 개입하여 큐가 말한 내용을 보충한다. 그는 삶에 대한 우리의 제한된 관점이 어떻게 사는지는 중요하지 않고 죽으면 다 끝이라고 암시하더라도 그것이 사실이 아님을 우리가 알길 원한다. 실제로, **우리 삶에는 하나님으로 충만하고 하나**

님을 지향하며 하나님이 인도하시는 목적과 의미가 이생을 초월하여 존재한다는 사실을 분명하게 볼 수 있는 그날이 올 것이다. 우리는 우리를 창조하신 분과 영원한 관계를 맺고 있으며, 그분이 올바르게 심판하실 날, 곧 세상 모든 것을 바로잡으실 날이 올 것이다.

우리가 멘토의 말씀을 생각하면서 커피를 음미하는 동안, 우리에게 큐의 비평에 대한 그의 관점이 필요하다는 것을 깨닫는다. 하지만 사실, 우리에게는 그 이상이 필요한데, 우리의 지혜로운 멘토조차 제한된 관점을 지니고 있기 때문이다. 그의 말은 구약성경의 모든 지혜를 담고 있지만, 당신과 내가 신약성경에서 얻을 수 있는 온전한 계시는 빠져 있다. 과거에는 숨겨져 있었지만 이제는 그리스도의 인격과 사역 가운데 드러난 신비로운 계시 말이다.

우리에게는 하나님에 대한 더 온전한 계시, 곧 예수님이 계신다. 예수님은 인간이 되셔서 해 아래 있는 인생, 망가지고 구부러지고 냉담하고 잔인한 세상으로 들어오셨다. 예수님은 인생의 단순한 즐거움뿐 아니라 좌절감도 경험하셨다. 더 중요하게, 예수님은 죽음을 경험하셨다. 하지만 그분의 죽음은 평범한 죽음이 아니었다. 죽음을 물리치신 죽음이었다. 죽음을 이기신 그분의 부활은 비관주의와 이 세상에 대한 큐의 숙명론적 평가를 뚫고 들어가 희망을 불어넣는다.

예수님의 죽음과 부활과 그 영향력 때문에 우리는 인생의 좌절과 무익함이 영원하지 않다는 것을 안다. "생각하건대 현재의 고난은 장차 우리에게 나타날 영광과 비교할 수 없도다… 피조물이 다 이

제까지 함께 탄식하며 함께 고통을 겪고 있는 것을 우리가 아노니라 그뿐 아니라 또한 우리 곧 성령의 처음 익은 열매를 받은 우리까지도 속으로 탄식하여 양자 될 것 곧 우리 몸의 속량을 기다리느니라"(롬 8:18, 22-23).

미래의 영광. 성경은 영광을 중대한 것이라고 말한다. "우리가 잠시 받는 환난의 경한 것이 지극히 크고 영원한 영광의 중한 것을 우리에게 이루게 함이니"(고후 4:17). 여기에 무의미한 인생, 사라지는 숨결 같은 삶에 대한 해독제가 있다. 그리스도 안에 있으면, 우리는 그저 죽어서 사라지는 것이 아니라 우리 미래가 영원히 사라지지 않는 중대한 영광을 이룬다고 확신할 수 있다.

그리스도 안에 있는 우리 인생은 사라지는 숨결과 같지 않을 것이다. 오히려 우리 삶은 영원한 영광을 낳을 것이다. 그것은 우리 스스로 만든 영광이 아니라, 우리와 함께 나누는 영광, 지금도 우리를 변화시키고 있는 영광일 것이다. 우리가 이 영광을 함께 나누리라 기대할 수 있는 이유는 우리가 하나님을 온전히 경외하거나 그분의 명령에 완벽하게 순종해서가 아니다. 우리가 이 영광을 함께하리라 기대하는 것은 우리가 예수님과 연합했기 때문이다. 그분이야말로 하나님을 온전히 경외하시고 그분의 명령에 완벽하게 순종하신 분이다.

그리스도와 연합할 때 우리 삶에 중요성과 무게감이 생기는데, 이는 해 아래 큐의 관점으로는 보지 못했던 것이다. 우리와 함께 커피를 마신 이는 그 점을 더 잘 이해했다. 그는 하나님에 대한 우리의 궁극적인 책임과 그분과의 영원한 관계 때문에 하나님에 대한 경외감과 순종이 이생을 초월하여 중요성을 띤다는 것을 알았다. 하지만 그조차도, 지금 우리 삶을 변화시키고 새 하늘과 새 땅에서 우리 삶을 정의할 중대한 영광을 우리처럼 확실히 보지는 못했다.

우리가 해 아래에서 살지 않을 날이 올 것이다. 잘못을 바로잡을 수 없는 세계에서 죽음의 구름 아래 살지 않을 것이다. 그 대신 "해나 달의 비침이 쓸데없으니 이는 하나님의 영광이 비치[는]" 곳에서 살 것이다(계 21:23). "다시는 사망이 없고 애통하는 것이나 곡하는 것이나 아픈 것이 다시 있지 아니하리니"(계 21:4). 본래 창조된 세상과 지금 우리가 경험하는 세상 사이의 갈등이 마침내 해소될 것이다.

그날까지는 우리가 느끼고 볼 수 있는 것만으로 자신의 인생관(무의미해 보이는 삶, 고통스러운 공허함)을 형성하지 말고, 하나님이 계시하시고 약속하신 것에 기초하여 인생에 대한 관점을 세워 나가야 한다. 그러면 날마다 해마다 점점 더 "견실하며 흔들리지 [않]고 항상 주의 일에 더욱 힘쓰는 자들이 되[며] 이는 너희 수고가 주 안에서 헛되지 않은 줄" 알게 될 것이다(고전 15:58). 인생이 헛되다고 생각하도록 우리를 유혹하는 이 세상의 현실에 맞닥뜨릴 때도, 성령님이 우리를 "그와 같은 형상으로 변화하여 영광에서 영광에 이르[게]"(고후 3:18) 하셔서 지금도 그리스도가 우리 삶을 의미로 채우고 계심을 스스로 일깨우게 된다.

God Does
His Best Work
with Empty

7.
떨리는 신뢰

믿음으로 공허함을 채우시는 하나님

고전 영화 "사운드 오브 뮤직"(The Sound of Music)의 가정 교사 마리아에게는 힘든 현실을 다루는 그녀만의 방법이 있다. 바로 노래다. 어느 날 밤, 밖에서 천둥 번개가 치자 마리아가 돌보는 아이들이 그녀의 침대맡으로 모이기 시작한다. 마리아는 아이들이 무서움을 잊을 수 있도록 자기가 좋아하는 것들을 노래로 부르게 가르쳐 준다.

주위를 분산시키는 것은 어려운 현실을 다루는 한 가지 방법일 수 있다. 개 짖는 소리나 벌에 쏘인 상처, 한 차례 슬픈 감정에는 효과가 있을 것이다. 하지만 조금 더 무거운 현실이라면 어떨까. 월세를

내지 못해 집이 넘어갈지도 모르는 상황, 의사의 진단을 기다리는 상황, 자녀가 유죄 판결을 받을 수도 있는 상황이라면? 은행 계좌나 침대가 비었거나 미래가 사라진다고 해도 그저 좋아하는 것들만 노래해서 기분이 나아질 수 있을까?

좋아하는 것들을 노래해서 무시무시한 두려움이 해결되지 않는다면, 다른 좋은 방법이 없을까?

구약성경의 작은 책 하박국서에는 미래를 생각하면서 좌절과 혼란과 두려움에 사로잡힌 한 선지자의 글이 실려 있다. 그가 두려워한 것은 하나님 말씀을 듣지 못해서가 아니었다. 하나님이 분명히 계시하신 말씀 때문에 그의 두려움은 더 커졌다.

하박국이 보기에 그는 정의가 없는 세상, 유다에 있는 하나님 백성 가운데 폭력과 악이 만연한데 아무 처벌도 받지 않는 그런 곳에서 살고 있었다. 그는 하나님이 그저 손 놓고 계시는 이유를 도무지 이해할 수 없었다. 그래서 그는 얼마나 더 기다려야 하나님이 행동을 취하실지 여쭈면서 그분께 울부짖었다.

그러자 하나님이 앞으로 하실 일을 그에게 말씀해 주셨다. 하지만 하박국은 이해가 가지 않았다. 하나님은 그 백성 가운데 있는 죄를 다스리시기 위해 악하고 잔인하기로 악명 높은 바벨론 사람들을 일으키셔서 유다를 침공해 멸망시키겠다고 말씀하셨다. 하박국은 자기 귀를 의심했다. 어떻게 그가 사랑하고 섬기는 하나님, 악을 견디지 못하시는 순결하신 하나님이 유다보다 훨씬 더 사악한 나라를 사용하여 유다의 죄를 처리하실 수 있단 말인가?

하박국이 보기에는 옳지 않았다. 우리도 그 심정이 이해가 간다. 때로 우리도 어떻게 하나님이 타협한 정도가 아니라 노골적인 악으로 보이는 개인이나 단체나 정부가 우리 가정이나 건강이나 명성을 앗아 가도록 내버려 두시는지 의아해하지 않는가?

하박국은 하나님이 알려 주신 계획을 전혀 이해할 수 없었기에, 바벨론이 영원히 처벌을 모면하게 두시겠느냐고 물었다. 그러고 나서 하나님의 설명을 기다렸다.

하나님이 하박국에게 다시 말씀하시면서 그 말씀을 기록하라고 하셨다. "이 묵시는 정한 때가 있나니 그 종말이 속히 이르겠고 결코 거짓되지 아니하리라"(합 2:3).

확실히, 하나님이 하박국에게 설명하시려는 내용은 그뿐 아니라 당시 이스라엘 백성 모두를 위한 것이었다. 하나님은 그분이 의도하신 목적들을 이루시기 위해 어떻게 일하실지 설명하시되, 오는 세대가 듣고 이해할 수 있도록 설명하실 작정이었다. 실제로, 하박국이 판에 새긴 묵시가 곧 당신과 내가 듣고 알아야 할 내용이다. 특히나 하나님이 이 세상에서 일하시지 않는 것처럼 보일 때, 정의가 사라져 버린 것 같을 때, 하나님이 하고 계신 일을 전혀 이해할 수 없고 우리가 생각하는 선하신 하나님과는 거리가 멀어 보일 때 말이다.

하나님은 바벨론을 사용하여 회개하지 않는 유다를 심판하겠지만 바벨론 사람들도 그들의 악을 영원히 면죄받을 수는 없다고 하박국에게 설명하셨다. 실제로, 그들의 날이 다가오고 있었다. 그들은 마땅히 받아야 할 것을 받을 것이다. 포로가 되고 약탈당하며 수치를 당할 것이다. 그들의 부는 재로 변할 것이다. 하박국 시대에 바벨론은 잔인함과 폭력, 억압으로 세상을 쓸어 버렸다. 하지만 하나님이 하박국에게 말씀하시기를, 바벨론과 오는 시대에 반복될 그와 같은 나라들이 언젠가 사라지면 세상은 아주 다른 것으로 채워질 것이다. "이는 물이 바다를 덮음같이 여호와의 영광을 인정하는 것이 세상에 가득함이니라"(합 2:14). 하나님은 인간 역사가 그렇게 흘러갈 것이라고 하박국에게 말씀하셨다. 어떻게 되든 이것이 최종 결과일 것이다.

하박국은 그 말이 사실이라고 믿기 힘들었다. 그는 자신의 고통스러운 현실을 뛰어넘는 먼 미래를 볼 수 없었다. 그래서 하나님은 이 약속된 미래를 기다리는 동안 현재를 살아가려면 무엇이 필요한지 말씀해 주셨다. "의인은 그의 믿음으로 말미암아 살리라"(합 2:4). 하박국은 당대에 자기 눈으로 볼 수 있는 것으로 살아가지 않고, 미래에 다가올 날, 곧 모든 것이 바로잡힐 그날에 대해 하나님이 하신 말씀을 전적으로 확신하면서 살아가야 할 것이다.

하박국이 이 말씀을 곰곰이 생각해야 했듯이, 당신과 나도 눈에 보이는 주변 환경이 아니라 하나님 말씀을 믿는 믿음으로 산다는 것이 어떤 의미인지 숙고해야 한다. 하박국은 바벨론인들이 닥치면 자신이 사랑하는 나라는 물론이고 자신의 목숨과 재산과 생계, 가족까지 완전히 파괴될 것을 알았다. 그 가운데서 하박국은 모든 것을 잃고 아무것도 남지 않게 될 것이다.

그래서 하박국은 이 모든 일을 곰곰이 생각한 후에 어떻게 했는가? 노래했다. 하박국은 노래를 부르고 나서 그 노래를 기록했다. 그렇게 해서 당시 사람들과 오는 세대에 파괴를 맞닥뜨릴 사람들, 그리고 우리 시대의 당신과 나 같은 사람들이 그 노래를 부를 수 있도록 말이다. 하박국의 노래는 믿음으로 사는 삶이 어떤 모습인지 잘 보여 준다. 믿음의 삶은 정의로운 심판을 찬양하고, 진정한 두려움을 인정하며, 단호히 기뻐하기로 결단하고, 궁극적인 보장을 기대한다. 우리는 함께 이 노래를 부르도록 초대받았다.

이 곡을 아는가? 하박국은 첫 절에서 "시기오놋에 맞춘" 기도라고 말해 준다. 지금 그 멜로디는 모르겠지만, 하박국이 노래로 기도를 시작할 때 마치 그레고리오 성가(Gregorian Chant, 그레고리우스 1세가 제정한 가톨릭의 성가. 본래는 반주 없는 단순한 선율의 장엄한 노래였으나, 오늘날에는 반주를 넣기도 한다–편집자 주)처럼 시작하지 않았을까 추측해 본다.

여호와여 내가 주께 대한 소문을 듣고 놀랐나이다 여호와여 주는 주의 일을 이 수년 내에 부흥하게 하옵소서 이 수년 내에 나타내시옵소서 진노 중에라도 긍휼을 잊지 마옵소서(합 3:2).

하박국은 하나님이 과거에 하신 일이 그분이 미래에 하실 일에 대한 가장 믿을 만한 증거라고 깨달았다. 그러자 그의 영혼에 변화가 생겼다. 하나님께 따지는 것을 멈추고 하나님의 일하심을 환영했다. 하지만 요구 사항도 있었다. "진노 중에라도 긍휼을 잊지 마옵소서." 그는 이렇게 말하고 있었다. "하나님, 이 격변과 파멸 가운데서도 주님이 사랑하시기로 한 백성에게 자비를 베풀어 주소서. 우리는 이 참사를 당해 마땅하지만, 이제부터 시작될 재앙 가운데서도 우리를 완전한 소멸에서 구하소서."

그런 다음, 하박국이 과거에 그 백성의 원수를 물리치신 하나님의 승리를 언급하기 시작하면서 곡조가 살짝 바뀌어서 승리의 군가처럼 들리기 시작한다.

공정한 심판을 찬양

하나님과 그 백성의 역사 내내 하나님은 반복해서 그들을 구하셨는데, 심판에서 건지신 것이 아니라 심판을 통해 구원하셨다. 하나님은 에덴에 임한 심판을 통해 아담과 하와를 구하셨다. 온 땅에 비처럼 쏟아진 심판을 통해 노아와 그 가족을 구하셨다. 첫 번째 유월절에 장자의 죽음이라는 재앙 가운데 내린 심판을 통해 이스라엘 나라를 구하셨다. 하박국은 이스라엘 이야기의 이 부분에 주목한 것 같다. 그는 출애굽과 약속된 땅으로의 여정에서 이스라엘 백성을 해치려

한 사람들, 곧 바로와 애굽 사람들, 가나안 땅으로 향하는 동안 그들을 공격한 나라들에 임한 심판을 통해 하나님이 반복해서 그 백성을 구원하신 것을 기억했다. 하박국은 이렇게 기억했다.

> 주께서 노를 발하사 땅을 두르셨으며 분을 내사 여러 나라를 밟으셨나이다 주께서 주의 백성을 구원하시려고, 기름 부음 받은 자를 구원하시려고 나오사(합 3:12-13).

하박국이 진노하신 하나님이 그분의 언약 백성에게 반복해서 자비를 베푸시고 반복해서 그들을 구원하신 것을 기억하는 사이, 하나님은 그분의 분노를 받아 마땅한 사람들을 공정하게 심판하실 뿐 아니라 그 심판을 통해서 자기 백성을 구원하시는 분이라는 그의 믿음이 강해졌다.

하박국은 이스라엘 백성의 역사에서 하나님의 공정한 심판을 살피면서, 하나님이 옳은 일을 하실 것이라고 신뢰할 수 있다고 진정으로 믿기 시작했다. 하나님은 바벨론을 사용하여 옳은 일을 하실 것이다. 유다를 사용하여 옳은 일을 하실 것이다. 하박국을 사용하여 옳은 일을 하실 것이다.

그러나 새롭게 발견한 이 믿음도 앞으로 일어날 일에 대한 하박국의 두려움을 없애 주지는 못했다. 나는 이 대목에서 선지자도 인간임을 인정하게 된다. 그가 다가올 심판 가운데 드러날 하나님의 놀라운 능력을 두려워한 것은 당연했다. 그가 모든 친구와 이웃과 가족에게 닥칠 재앙을 두려워한 것도 당연했다. 그래서 그가 자신의 진짜 두려움을 인정하면서, 승리의 군가에서 조금 더 부드럽고 구슬픈 노래로 곡조가 변한다.

진짜 두려움을 인정

이 깨달음의 날과 하박국이 노래하고 있는 미래의 구원 사이에 수많은 비극이 임할 것이다. 물론, 미래의 구원을 아는 믿음의 눈이 있다고 해서 그사이에 벌어질 일들에 대한 두려움이 완전히 사라지지는 않았다.

> 내가 들었으므로 내 창자가 흔들렸고 그 목소리로 말미암아 내 입술이 떨렸도다 무리가 우리를 치러 올라오는 환난 날을 내가 기다리므로 썩이는 것이 내 뼈에 들어왔으며 내 몸은 내 처소에서 떨리는도다 (합 3:16).

하박국은 두려움에 떨면서도 하나님을 신뢰하기로 마음먹었다. 그는 이렇게 말하고 있는 것 같다. "두렵습니다. 저와 제가 사랑하는 사람들 앞에 고통과 상실이 기다리고 있는 걸 압니다. 바벨론 침략자들이 우리 집 앞에 쳐들어온다고 생각하면 조금은 두렵기도 합니다. 하지만 이 두려움이 저를 사로잡고 장악하게 내버려 두지 않겠습니다. 가까운 미래에 닥칠 어려움 때문에 먼 미래의 희망을 잃지 않겠습니다. 하나님이 그분의 백성을 구원하겠다는 약속을 지키실 줄 믿기에 잠잠히 기다릴 수 있습니다. 하나님은 물이 바다를 덮음같이 여호와의 영광을 아는 지식으로 이 땅이 가득할 날을 제게 살짝 보여 주셨습니다. 내 미래의 영광에 대해 아는 지식이 현재의 고통을 어떻게 느끼고 다루어야 할지를 바꾸고 있습니다."[17]

하박국은 우리가 믿음으로 살아가면서 불러야 할 솔직한 노래를 들려주고 있는데, 이 지점에서 다시 한번 곡조가 바뀐다. 생생한 두려움을 고백하는 데서, 아무리 힘든 일이 있더라도 즐거워하겠다는 결심으로 옮겨 간다.

단호한 기쁨을 잃지 않겠다는 결단

비록 무화과나무가 무성하지 못하며 포도나무에 열매가 없으며 감람나무에 소출이 없으며 밭에 먹을 것이 없으며 우리에 양이 없으며 외양간에 소가 없을지라도 나는 여호와로 말미암아 즐거워하며 나의 구원의 하나님으로 말미암아 기뻐하리로다(합 3:17-18).

하박국은 농경 사회에 살았기 때문에 무화과나무가 무성하지 못하고 감람나무에 소출이 없고 소 떼가 죽는 것은 생계와 생활 수단이 완전히 사라진 것을 뜻했다. 그의 앞에는 빈 밭과 빈 외양간뿐이었다. 하박국의 믿음은, 하나님이 기적을 행하셔서 어려운 일을 모두 없애 주시고 예정된 재앙을 마지막 순간에 거두어 주신다고 믿는 현대인들의 '믿음'에 대한 정의와는 확실히 달랐다. **하박국은 모든 것을 잃어버리더라도 진정한 기쁨을 잃지 않는 것이 진정한 믿음임을 보여 준다.** 우리는 재앙 앞에서도 의연한, 이런 진정한 믿음을 성경에서 반복해서 볼 수 있다. 하박국의 단호한 신뢰는 욥을 떠올리게 한다. 그는 재앙 가운데서 이렇게 말했다.

> 내가 알기에는 나의 대속자가 살아 계시니 마침내 그가 땅 위에 서실 것이라 내 가죽이 벗김을 당한 뒤에도 내가 육체 밖에서 하나님을 보리라(욥 19:25-26).

죽음도 두려워하지 않겠다던 다윗의 결단도 떠오른다.

> 내가 사망의 음침한 골짜기로 다닐지라도 해를 두려워하지 않을 것은 주께서 나와 함께하심이라 주의 지팡이와 막대기가 나를 안위하시나이다(시 23:4).

풀무불을 더 뜨겁게 하라고 명령한 바벨론 왕에게 이렇게 말했던 사드락, 메삭, 아벳느고는 또 어떤가?

왕이여 우리가 섬기는 하나님이 계시다면 우리를 맹렬히 타는 풀무불 가운데에서 능히 건져 내시겠고 왕의 손에서도 건져 내시리이다 그렇게 하지 아니하실지라도 왕이여 우리가 왕의 신들을 섬기지도 아니하고 왕이 세우신 금 신상에게 절하지도 아니할 줄을 아옵소서 (단 3:17-18).

고난 후에 영광이 온다는 하박국의 확신은 이 땅의 고난이 끝나면 영광이 온다는 바울의 확신을 떠올리게 한다.

그러므로 우리가 낙심하지 아니하노니 우리의 겉사람은 낡아지나 우리의 속사람은 날로 새로워지도다 우리가 잠시 받는 환난의 경한 것이 지극히 크고 영원한 영광의 중한 것을 우리에게 이루게 함이니 (고후 4:16-17).

두렵더라도, 우리가 궁극적으로 두려워해야 할 것은 없다고 확신하기에 기다릴 수 있다. 상실을 겪더라도, 우리에게 정말 필요한 것은 그리스도 안에 있는 우리라고 확신하기에 기뻐할 수 있다. **먼 훗날, 우리 눈이 닿는 곳마다 하나님의 영광을 볼 것이다. 이것이 바로,**

눈에 보이는 것이 아니라 믿음으로 사는 삶이다.

하박국은 하나님이 그의 삶에 일어나는 소소한 일들과 재앙까지도 통제하고 계신다고 확신했다. 그는 자기 인생과 이 세상의 이야기가 어디로 흘러가고 있는지 알았다. 모든 악이 무너지고 만사가 바로잡히는 시간과 장소로 향하고 있음을 알았다.

궁극적 보장에 대한 기대

하박국은 노래를 마무리하면서, 눈앞에 닥친 위협에 대한 현실감을 잃지 않으면서도 자신에게 훨씬 더 현실적인 것에 대해 노래했다.

주 여호와는 나의 힘이시라 나의 발을 사슴과 같게 하사 나를 나의 높은 곳으로 다니게 하시리로다(합 3:19).

하박국은 자기 앞에 놓인 힘든 상황을 헤쳐 나갈 수 있도록 여호와가 그를 인도해 주실 것을 확신했다. 그의 발이 "사슴과 같게" 되어 바위투성이 지형과 가파른 언덕도 안전하게 돌아다닐 수 있을 것이다. 그는 믿음으로 살기로 선택했다. 하나님이 기적처럼 나타나셔서 위험**으로부터** 보호해 주시는 그런 종류의 믿음이 아니라, 위험을 **통과하면서** 보호해 주시는 믿음 말이다.

나는 그런 종류의 믿음을 원한다. 당신도 그렇지 않은가? 하지만 어떻게 그럴 수 있을까? 이런 믿음은 특정 성격 유형에만 해당하는 것일까? 우리 중에 아주 영적인 사람만 그럴 수 있는 것인가? 아니면, 이런 믿음도 '될 때까지 그런 척하면 그렇게 되는' 것인가?

믿음으로 채움

리코 타이스 목사는 "믿음은 경험하지 못한 사건들의 관점으로 살아갈 수 있는 능력"이라고 말한다.[18] 미래는 물론이고 과거의 사건들도 말이다. **성경을 집중해서 들여다보면, 하나님이 과거에 어떻게 행동하셨는지 자세히 볼 수 있을 뿐 아니라, 미래에 대해 약속하신 내용도 음미하게 된다.** 믿음으로 사는 삶은 우리가 현재 보거나 경험하거나 느끼는 것에만 의지하기보다, 하나님의 과거 행위와 미래의 약속에 근거해서 생각하고 느끼고 행동하는 것이다.

이는 우리가 믿음으로 살면 하나님이 과거에 하신 일과 미래에 약속하신 것을 아는 데 힘써야 한다는 뜻이다. 이 말은 하나님이 과거에 우리 삶에서 하신 일에만 집중해야 한다는 뜻이 아니다. 하나님이 역사를 통해 그 백성과의 관계에서 하신 일에 지속해서 노출되면 하나님에 대한 이런 종류의 확신이 생긴다. 성경에서 하나님이 하신 일과 약속하신 것을 깊이 읽고 듣고 숙고하면 이런 믿음을 키울 수 있다. 하나님 말씀에 흠뻑 빠지면 하나님이 약속하신 것과 약속하시지 않은 것을 더 분명히 이해하게 된다. 그리고 하나님의 약속이 온전히 신뢰할 만하다고 믿고 거기에 기꺼이 모든 것을 걸게 된다.

믿음은 보지 못하는 것을 믿는 것이다. 그러나 맹목적인 믿음과는 다르다. "믿음은 눈으로 관찰할 수 있는 실재를 보면서도, 그것들을 초월하여 눈에 보이지 않는 것, 곧 하나님의 능력"[19]과 그분의 목적과 계획을 그분의 세상에 실현하시려는 굳건한 헌신을 고려하는 것이다. 하박국이 주변을 둘러보면서 자신이 처한 현실에 주목했을 때는 하나님의 일하심을 전혀 보지 못했다. 하지만 하나님이 그 백성을 위해 과거에 하신 일을 돌아보고 미래에 약속하신 것을 생각하고는, 거기에 근거하여 지금 하나님을 신뢰하기로 선택했다.

이렇게 생각하는 사람이 있을지도 모르겠다. '나도 그런 믿음을 갖고 싶지만, 그렇게 못할 것 같아.' 이런 믿음은 사람이 자기 내부에서 스스로 일으킬 수 있는 것이 아니다. 성령님이 우리를 영적으로 살리셔서 우리가 그리스도와 연합할 때 하나님만이 이런 믿음을 우리에게 채우실 수 있다. 완벽하게 믿음으로 사신 분은 예수님이 유일하다. 그래서 히브리서 저자는 "믿음의 주요 또 온전하게 하시는 이인 예수를 바라[봄]"으로써 우리가 믿음으로 살 수 있다고 말해 준다(히 12:2). 우리가 믿음으로 주님과 하나가 되었다면, 믿음의 삶에 필요한 모든 것을 갖춘 셈이다.

친구여, 우리는 눈에 보이는 것들에 의지하여 이 세상을 살아가려

하지 않는다. 현 상황만 고려하기보다 우리 삶을 조금 더 깊이 들여다본다면, 자기 영혼의 실상을 기꺼이 들여다보려 한다면, 우리가 죄를 지어 하나님의 영광에 미치지 못했으며 끔찍한 멸망을 받아 마땅한 것을 알게 될 것이다. 하지만 믿음의 눈은 다른 것을 본다. 믿음은 그리스도가 십자가에서 우리가 받아야 할 멸망을 겪으셔서 그분이 받으셔야 할 풍성한 축복을 우리가 기대할 수 있음을 알고 믿는다. 믿음은 유월절에, 홍해에서, 가장 중요하게는 십자가와 부활에서, 과거에 하나님이 구원하신 일들을 보고, 하나님의 구원 역사가 과거에 국한되지 않는다는 것을 신뢰한다. 믿음은 우리가 지금도 우리를 멸망시킬 죄에서 구원받고 있으며, 언젠가는 하나님의 임재 가운데로 안전하게 들어갈 것을 신뢰한다.

믿음으로 인해 우리는 내가 어릴 때부터 불렀던 노래를 부를 수 있다. 디모데후서 1장 12절에 곡을 붙인 찬송이다. "내가 믿는 자를 내가 알고 또한 내가 의탁한 것을 그날까지 그가 능히 지키실 줄을 확신함이라." 나는 입에 잘 붙지는 않아도 NLT 번역이 더 마음에 든다. "내가 믿는 분을 내가 잘 알고 내가 그분에게 맡긴 것을 주님이 다시 오시는 날까지 지켜 주실 것을 확신하기 때문입니다." 이 구절에서 바울은 하나님이 우리에게 약속하신 모든 것을 지금 당장 채워 주시리라 기대할 수는 없다고 말하고 있는 것 같다. 오히려 "그날"에 그분의 모든 약속을 이루어 주실 것이다. 그날은 어떤 날인가? 심판을 통과한 구원의 마지막 날, 바로 그분이 다시 오실 날이다.

요한계시록 18장은 바벨론 성을 다시 언급한다. 콜린 스미스(Colin Smith) 목사는 "바벨론은 교만하여 하나님께 반항하는, 세상에서 흥망성쇠 하는 모든 권력을 총칭한다."라고 말한다.[20] 성경 마지막, 우리가 아는 인류 역사의 마지막에, 바벨론이 마땅히 벌을 받으리라고 하나님이 하박국에게 약속하신 말씀이 궁극적으로 성취된다.

> 큰 성, 견고한 성 바벨론이여 한 시간에 네 심판이 이르렀다 하리로다… 하늘과 성도들과 사도들과 선지자들아, 그로 말미암아 즐거워하라 하나님이 너희를 위하여 그에게 심판을 행하셨음이라 하더라 (계 18:10, 20).

그날에 심판이 임할 것이다. 그러나 믿음으로 그리스도와 연합한 모든 이는 그 심판을 통해 구원받을 것이다.

하나님께는 그분만의 시간표가 있고, 그 시간표는 엄수될 것이다. 마지막이 올 것이다. 그때까지는 하나님이 그분의 약속을 잊으신 것처럼 보일 수도 있다. 아무것도 달라지지 않을 것처럼, 잘못이 바로잡히지 않을 것처럼, 하나님이 이 세상을 바로잡으시기까지 기나긴 시간이 걸릴 것처럼 보일 수 있다. 그러나 우리도 하박국처럼 기다려야 한다. 폐허를 견디고 두려움을 통과하여 기다려야 한다. 하나님이 이 세상에서 쓰고 계신 이야기를 약속된 마지막에 이루시기까지 기다려야 한다. 그때가 바로 새로운 시작일 것이다.

그렇게 기다리면서 우리는 노래한다. 우리는 초인종과 썰매 방울, 면을 곁들인 슈니첼("사운드 오브 뮤직" 삽입곡 "My Favorite Things"의 가사 일부-역주)을 노래할 때처럼, 기다리면서 그저 힘든 일을 잊는 것이 아니다. 우리 노래는 하나님이 우리를 그리스도와 하나 되게 하셔서 우리에게 허락하신 믿음을 불러일으킨다. 우리는 자신이 겪는 어려움을 떠올리며 하박국의 노래를 이렇게 개사하여 부를 수도 있을 것이다.

비록 내 수입이 없고
저축이 다 고갈되고
충격적인 진단을 받고
그 과정에서 내 존엄성을 잃을지라도

사람들이 내 진실성을 의심하고
내 명예를 훼손할지라도
나는 날마다 그리스도 안에서 즐거워할 것입니다.
그리스도 안에서 보호와 공급을 경험하기에
미래를 떠올리며 기뻐할 것입니다.

이 중에 아무것도 내 힘이나 보장이 되지 못하오니
하나님만이 내 힘이십니다.

내 안의 그리스도가 나로 위험한 난관을 헤쳐 가게 하시니
그리스도 때문에 내 미래는 영광으로 가득할 것입니다.

친구여, 우리가 확신하는 바는 지금 여기서 하나님이 당신을 위해 모든 것을 고쳐 주신다는 것이 아니다. 이생에서 중대한 상실과 큰 공허함을 경험할 수도 있지만, 미래에 하나님의 채워 주심을 경험할 수 있다. 물이 바다를 덮음같이 언젠가 그분의 영광이 이 세상을 채울 것이다. 믿음이 눈에 보일 것이다. 그때 우리는 노래할 수밖에 없을 것이다. 우리가 가장 좋아하는 사람을 노래하는 우리의 애창곡을 부를 것이다. "주 하나님 곧 전능하신 이시여 하시는 일이 크고 놀라우시도다 만국의 왕이시여 주의 길이 의롭고 참되시도다… 주의 의로우신 일이 나타났으매"(계 15:3-4).

God Does
His Best Work
with Empty

8.
숨겨진 보물

기쁨으로 공허함을 채우시는 하나님

우리 부부는 가끔 PBS사의 "앤티크 로드쇼"(Antiques Roadshow)를 시청하곤 한다. 이 프로그램에서는 일반인 출연자들이 다락이나 집 안 구석에 숨겨져 있던 예술품, 가구, 수집품, 대대로 내려오는 가보 등을 들고나와서 전문가들에게 물건의 가치를 평가받는다. 당연히 사람들은 자신이 가져온 물건이 기대 이상의 가치가 있기를 바란다.

이 프로그램을 본 적이 있는 독자라면, 출연자가 집 안에서 들고 나오거나 중고품 시장에서 싼값에 산 물건이 수백만 원을 호가하는 일이 드물지 않다는 것을 알 것이다. 프로그램을 진행하다 보면 종

종 그런 경우가 발생한다. 예를 들어, 2012년에 텍사스주 코퍼스크리스티에 사는 한 남자가 오랫동안 본가 문 뒤에 걸려 있던 그림을 가지고 나왔다. 디에고 리베라(Diego Rivera)가 1904년에 그린 유화 "석공"(El Albañil)은 진품으로 확인되어 80만-100만 달러 정도의 가치가 있다는 감정을 받았다. 아무도 그 진정한 가치를 알아보지 못한 채 이 그림은 그 긴 세월 동안 문 뒤쪽에 걸려 있었다.

2014년에 출연한 한 여성은 고조할머니가 하숙집을 운영했는데, 보스턴 야구팀이 창단 첫 시즌인 1871년에 그곳에 머물렀다고 한다. 그녀는 물려받은 야구 기념품을 들고나왔는데, 보스턴 레드 스타킹스(Boston Red Stockings)의 선수 카드와 첫 경기 라인업 문서가 100만 달러 감정을 받았다.[21] 신생 야구팀의 선수 카드가 이렇게 비싼 몸이 될지 1871년에 누가 생각이나 했겠는가? 1871년에는 아무 쓸모도 없어서 버려진 선수 카드가 얼마나 많았을지 생각해 보라.

"앤티크 로드쇼"의 핵심은 출연자들이 들고 온 물건의 가치를 제대로 평가할 줄 아는 전문가들이다. 물론, 물건 가치를 제대로 평가하는 이 기술은 "앤티크 로드쇼"에서만 중요한 것이 아니다. 그 기술은 인생에서도, 당신과 나의 삶에서도 중요하다. 우리는 어떻게 물건의 가치를 적절하게 평가할 수 있는지 모르는 경우가 자주 있다. 그래서 때로 실제로는 별 가치가 없는데 우리 생각에 가치 있다고 생각하는 것을 붙든다. 마찬가지 이유로, 굉장히 귀한 것을 거절하는 때도 있다. 이 장에서 생각해 보려는 이야기를 통해 우리는 제대로 가치를 평가하고 현명하게 거래하는 이 기술을 훈련하여 최후에 빈손으로 남지 않을 수 있다.

지금까지 살펴본 대부분의 성경 이야기와 본문에서, 사람들은 무언가를 빼앗기거나 받지 못해서 공허함을 경험했다. 자신이 통제할 수 없는 환경 때문에 무언가를 상실한 이들이었다. 하지만 이번 장은 조금 다르다. 여기서 우리가 만날 사람들은 빈손이 될지 말지를 선택할 수 있었다. 자신에게 가장 중요한 것들을 내려놓고 훨씬 더 중요한 다른 물건(이나 사람)으로 부유해질 수 있는 선택권이 있었다. 이들의 이야기는 하나님이 우리 삶의 공허함 가운데 가장 좋은 일을 하실 수 있(고 하시)는 또 다른 방식을 우리에게 고려해 보도록 요청한다. 때로 그분은 덜 중요한 것을 내려놓으라고 요청하신다. 그렇게 해서 무한한 가치를 지닌 것을 소유할 수 있도록 말이다.

모든 것을 내어주기 꺼리는 마음

사복음서 중 세 복음서가 모든 것을 가진 젊은 사람이 예수님을 찾아온 같은 이야기를 들려준다(마 19:16-30; 막 10:17-31; 눅 18:18-30 참조). 세 본문을 살펴보면 그 사람에 대해 몇 가지 세부 사항을 알 수 있다. 그는 부자요, 종교 지도자였다. 그에게는 편안한 삶을 누릴 수 있는 막대한 자원, 다른 사람들의 존경을 받을 만한 도덕성과 종교성, 세상을 좌지우지할 만한 큰 권위가 있었다. 하지만 그는 자신이 꼭 갖고 싶었지만 확신하지 못하는 한 가지가 있었다.

어떤 사람이 주께 와서 이르되 선생님이여 내가 무슨 선한 일을 하여야 영생을 얻으리이까(마 19:16).

중요하고 좋은 질문이다. 이 젊은이는 단기적인 관점보다는 장기적인 관점을 생각하고 있었던 게 틀림없다. 그는 이생의 관심사에 지나치게 몰두한 나머지 다음 생에 대해서는 별로 생각하지 않는 다른 세상 사람들보다 한발 앞서 있었다. 이 사람은 생각이 무척 깊었다.
하지만 그의 질문은 한 가지 전제를 드러내는데, 그가 할 수 있는 일로 자신이 찾는 것을 얻을 수 있다는 것이었다. 자신이 할 수 있는 "선한 일"을 통해 영생을 얻을 수 있다는 것이었다. 물론 그는 짧은 생애 동안 자신이 "선한 일"로 간주하는 수많은 일을 했을 것이고, 그 목록에 있는 모든 항목을 실행했는지 확실히 하기를 그저 바랐을 뿐이다. 지금까지는 자신이 마음먹은 일은 모두 할 수 있었으니, 이번에도 성공할 수 있다고 꽤 확신했다. 그러나 예수님은 그의 전제를 무너뜨리고 허를 찌르셨다.

예수께서 이르시되 어찌하여 선한 일을 내게 묻느냐 선한 이는 오직 한 분이시니라 네가 생명에 들어가려면 계명들을 지키라(마 19:17).

겉으로 보기에 이 젊은이는 자신의 선이 하나님의 선에 미치지 못한다는 말씀을 그저 무시했던 것 같다. 그는 "계명들을 지키라"라는 예수님 말씀을 들었다. 그는 계명은 얼마든지 지킬 수 있었다. 늘 계명을 지켰다. 그는 자신이 이곳에 온 목표를 이룰 수 있으리라는 느낌이 들었지만, 예수님이 조금 더 구체적으로 말씀하시면 좋겠다고 생각했던 것 같다.

이르되 어느 계명이오니이까 예수께서 이르시되 살인하지 말라, 간음하지 말라, 도둑질하지 말라, 거짓 증언 하지 말라, 네 부모를 공경하라, 네 이웃을 네 자신과 같이 사랑하라 하신 것이니라(마 19:18-19).

예수님이 십계명을 모두 언급하시지 않은 점에 주목하자. 열 계명 중에 다섯 계명만 나열하셨는데, 마지막 문장은 이 다섯 계명을 요약한 것이었다. 율법의 첫 돌판, 곧 하나님만 사랑하고, 우상을 섬기지 말며, 하나님의 이름을 망령되게 부르지 말고, 안식일을 거룩히 지키라는 명령은 빠졌다. "탐내지 말라"라는 마지막 계명도 빠졌다. 이 계명들이 빠진 게 과연 우연일까? 당연히 그렇지 않다.

그 청년이 이르되 이 모든 것을 내가 지키었사온대 아직도 무엇이 부족하니이까(마 19:20).

마가는 이야기의 이 시점에, 다른 복음서 기사에는 없는 내용을 끼워 넣는다. "예수께서 그를 보시고 사랑하사"(막 10:21). 마가는 예수님이 그 청년을 불쌍히 여기는 마음에서 이후의 요청을 하시려 한다는 사실을 알려 주고 싶어 한다. 예수님은 청년을 너무 사랑하셔서 자신의 수고로 영생을 얻을 수 있다는 그의 생각이 틀렸다고 알려 주고 싶으셨다. 예수님은 청년을 너무 사랑하셔서 하나님을 향한 그의 진정한 마음 상태를 모른 척 지나갈 수 없게 하셨다. 예수님은 이 사람이 어떤 지점에서 문제가 생길 수 있는지, 그가 가장 사랑하는 것이 무엇인지 아셨기에 단도직입적으로 말씀하셨다.

> 네가 완전한 사람이 되려면 가서 네 재산을 다 팔아 가난한 사람들에게 주어라. 그러면 네가 하늘에서 보물을 얻을 것이다. 그리고 와서 나를 따르라(마 19:21, 현대인의 성경).

앞선 목록에서 **빠진** 계명들이 여기 나온다. 예수님은 청년의 마음에 무엇이 부족하고(하나님에 대한 사랑) 무엇이 가득한지(돈에 대한 사랑) 아셨다. 돈은 그가 한 분 참 하나님보다 앞세우는 신이었다. 그가 예배하는 우상이었다. 하나님에 대한 진정한 사랑이 부족하다는 것은 그가 종교 지도자로서 여호와의 이름을 망령되게 하고 있다는 뜻이었다. 그가 바리새인들의 율법에 따라 안식일을 열심히 지키고 있었을지는 몰라도, 그의 마음과 생각은 늘 돈에 고정되어 있었다.

그다음에 예수님은 마지막 계명에 순종하라고 말씀하셨다. 남의 소유를 탐내지 말고 오히려 반대로 그가 사랑하는 것을 다른 사람들에게 나누어 주라고 요청하셨다.

물론 예수님의 요구 사항에서 그의 발목을 잡은 것은 "다"라는 한 단어였다. 예수님은 그에게 가진 재산을 다 팔라고 말씀하셨다.

"다?" 우리도 그 사람과 이구동성으로 이렇게 외치고 싶다.

젊은이는 그 단어에 너무 충격을 받은 나머지 그 대가로 예수님이 약속하신 "하늘의 보물"은 놓쳐 버린 것 같다. 어쩌면 그에게 "하늘의 보물"은 너무 딴 세상 이야기 같아서 그 진가를 가늠하지 못했는지도 모른다. 하늘의 보물을 상상할 수 없었기에 그것이 지금 자신이 소유한 보물보다 더 가치 있을뿐더러 더 큰 즐거움과 편리와 안정감을 줄 수 있다는 사실을 믿을 수 없었다.

그는 잘 정돈된 자기 삶에서 어떤 빈 곳을 발견하고는 예수님께 나아왔다. '영원한 보장'이나 '하나님 앞에 온전히 받아들여졌다는 확신' 같은 것이 있어야 할 자리 말이다. 그는 이전에 자기 삶에 이미 다른 많은 것을 추가했던 것처럼, 이 마지막 조각을 추가하는 데 필요한 일을 스스로 할 수 있다고 기대하고 있었다. 그런데 예수님은 그 방법을 말씀해 주시는 대신, 그에게 모든 것을 내려놓으라고 요구하셨다. 예수님은 이 부자 청년에게 재산을 다 나누어 주라고 요청하셨다. 이 권력자에게 그의 일상에 대한 통제권을 양도하라고 요청하셨다.

그가 이 말씀을 재고하고 선택안을 재 보느라 시간이 좀 걸렸을지도 모르겠다. 그는 자기 돈과 그에 딸려 오는 모든 것을 즐기는 편이었다. 돈에는 권력과 특권이 따랐고, 그는 사람들이 그의 환심을 사기를 바라면서 그를 대접하는 방식을 좋아했을 것이다. 그는 돈으로 살 수 있는 즐거움을 사랑했다. 고급 레스토랑에서 식사하고 호화로운 휴가를 떠나길 좋아했다. 돈은 그에게 자유를 주었다. 덕분에 그는 하고 싶지 않은 일은 돈을 주고 다른 사람들에게 맡기고, 자신은 원하는 일을 할 수 있었다. 자기 삶을 편하게 해 주는 최신 제품과 편리하게 해 주는 사치품을 살 수 있어 좋았다. 그는 그중에 어느 것도 포기하고 싶지 않았다.

이해한다. 당신도 그렇지 않은가? 나는 예수님을 사랑하고 영생을 소유하며 최선을 다해 그분의 명령에 순종하는 삶을 살기 원한다. 하지만 솔직히 말하자면, 이 '영생'의 약속에 삶을 안락하게 해 주는 것들을 살짝 올려놓고 싶다. 둘 중 어느 것도 포기하고 싶지 않다.

예수님은 이 청년에게 그의 미래를 보장하는 데 필요한 것을 말씀해 주시는 대신, 그의 미래를 보장하는 데 포기해야 할 것이 무엇인지 말씀해 주셨다. 전부 다였다. 그리고 그는 그것을 감당할 수 없었다. 그것을 요구하기에도, 기대하기에도 벅찼다.

그 사람은 재물이 많은 고로 이 말씀으로 인하여 슬픈 기색을 띠고 근심하며 가니라(막 10:22).

조금 전만 해도, 그는 자신만만한 기대감에 넘쳐 예수님께 나아왔다. 그런데 지금은 슬픔으로 먹먹한 채 떠나갔다. 사람들은 그를 부자 청년이라고들 불렀다. 하지만 우리는 그를 슬픈 청년으로 불러야 할지도 모르겠다. 그는 자신이 얼마나 가난한지 모르고, 예수님이 그를 얼마나 큰 부자로 만들어 주시기 원하는지 보지 못했다.

청년은 자기 재산과 예수님이 제안하신 하늘 보물의 상대적 가치를 평가하고는 예수님을 따르는 것이 가치가 없다고 판단했다.

우리도 때로 그와 같은 결정을 하지 않는가?

- 예수님과 친밀감을 누리는 것은 조금 더 일찍 일어날 만큼의 가치가 없다.
- 예수님의 지체들과 교제하고 그분 말씀을 듣는 것은 운동 경기를 빠질 만큼의 가치가 없다.
- 예수님의 고난을 나누는 것은 우리 일이나 명성을 위험에 빠뜨릴 만큼의 가치가 없다.
- 예수님의 복음을 전하는 것은 세계 반대편이나 마을 반대편, 심지어 길 건너편으로 갈 만큼의 가치가 없다.
- 예수님처럼 거룩해지는 것은 특정한 쇼를 보지 않거나 특정한 웹사이트를 막아 버리는 것만큼의 가치가 없다.
- 예수님을 섬기는 것은 우리 마음대로 시간을 쓸 자유를 잃을 만큼의 가치가 없다.

아, 제대로 가치를 평가하라는 예수님의 요청이 우리 삶에 얼마나 필요한지 모르겠다. 예수님을 붙들기를 거부한 채 언젠가 쓸모없다고 판명될 것을 붙드는 것은 상상할 수 없을 정도로, 예수님의 가치가 우리의 평가에 크게 자리 잡아야 한다.

복음서 저자들은 이 사람에게 재산이 많았다고 말한다. 하지만 우리 눈에는 그의 재산이 **그를** 소유한 것이 보인다. 재산이 그를 꽉 붙잡고 있었다. 그의 마음을 단단히 옥죄고 있었다.

소유와 부란, 우리 모두에게 그런 것이다. 그런데 성경이 천국에 들어가기 힘든 '부자들'에 대해 이야기할 때 우리는 늘 우리보다 경제 사다리에서 적어도 한 단계 높은 사람들을 떠올리려 한다. 그러나 조금 더 넓은 세상의 맥락에서 우리 삶을 바라본다면, 이 책을 사서 읽을 만큼 일정한 수입과 여유 시간이 있는 대다수 사람은 자신이 부유층에 속한다고 인정할 수밖에 없을 것이다.

물론, 예수님이 이 본문 직후에 제자들에게 "낙타가 바늘귀로 들어가는 것이 부자가 하나님의 나라에 들어가는 것보다 쉬우니라 하시니"(마 19:24)라고 말씀하셨을 때 부유한 사람들을 무조건 정죄하신 것은 아니었다. 사실, 복음서에서 예수님이 부자에게 모든 소유를 나누어 주라고 요청하신 경우는 여기가 유일하다. 예수님이 이 사람에게 모든 재산을 다 나누어 주라고 말씀하신 까닭은 소유 때문에 그의 영혼이 위험에 빠졌기 때문이다. 예수님은 부 그리고 그에 따라오기 마련인 자기 의존, 방종, 자만, 자기 안위를 그분의 나라에 들어가는 데 방해가 되는 잠재적인 걸림돌로 보신다. 예수님은 세속적인 부에 힘이 있어서 하늘의 부가 얼마나 가치 있는지 보지 못하게 만드는 것을 아신다. 우리는 세속의 부 때문에 진짜 가치 있는 것이 무엇인지 알아보지 못한다.

 이 슬픈 젊은 관원이 진정한 가치를 이해하지 못했기 때문에 놓친 모든 것을 생각해 보자. 예수님과 함께하는 기쁨, 예수님의 가르침, 예수님이 주시는 사명. 중요하고 높은 자리에 있으면서도 그리스도와 나누는 풍성한 관계와 그리스도의 권위 아래 사는 삶을 놓친다면 얼마나 큰 비극인가.

 그가 집으로 돌아가는 길에 마음속으로 어떤 갈등을 겪었을지 상상해 보자. 하지만 그는 예수님을 떠난 그날뿐 아니라, 마지막으로 모든 것을 다 두고 떠나야 했을 그날에도 슬픔을 겪었을 것이다. 그는 영생에 들어가지 못하고 빈손으로 영원한 죽음을 맞이해야 했으리라. 아무것도, 영원한 슬픔 이외에는 아무것도 갖지 못한 채.

기꺼이 모든 것을 팔려는 마음

 전 재산을 내놓지 못하고 슬프게 떠난 젊은 부자 관원 이야기는 세 복음서에 모두 기록되어 있지만, 다음으로 살펴볼 두 비유는 마태복음에만 나온다. 이 비유들은 슬픈 젊은 관원과는 거의 정반대 이야기를 들려준다. 하늘나라의 비밀을 알려 주는 같은 목적을 지닌 일곱 비유의 중간쯤에 예수님은 두 사람에 대한 아주 짧은 이야기를 말씀하신다. 그 두 사람은 밭에서 일하는 사람과 진주 상인이다. 한 사람은 부와 특권이라는 사다리의 꼭대기에 있고, 다른 한 사람은 바닥에 있다. 하지만 둘에게는 아주 중요한 공통점이 있다.

> 천국은 마치 밭에 감추인 보화와 같으니 사람이 이를 발견한 후 숨겨 두고 기뻐하며 돌아가서 자기의 소유를 다 팔아 그 밭을 사느니라 또 천국은 마치 좋은 진주를 구하는 장사와 같으니 극히 값진 진주 하나를 발견하매 가서 자기의 소유를 다 팔아 그 진주를 사느니라 (마 13:44-46).

밭에 보물을 숨겼다는 이야기는 우리에게 조금 낯설 수도 있다. 요즘에는 돈이나 귀중품은 은행이나 금고에 보관하기 때문이다. 그러나 고대에는 부자들이 보화(동전이나 화폐, 보석)를 필요할 때까지 안전하게 숨기거나 묻어 두는 게 일상적이었다. 그런데 가끔은 보화를 묻어 둔 사람이 죽거나 숨겨 둔 장소를 잊어버리는 경우가 있었다. 예수님이 말씀하신, 밭에 숨겨진 보화 비유의 배후에는 그런 배경이 있다.

밭 주인이 농사를 준비하려고 일꾼을 보냈을 때는 거기에 보화가 숨겨져 있는 것을 몰랐다. 그의 눈에는 엄청난 작업이 필요한 땅만 보였을 것이다. 밭에서 일하는 사람도 마찬가지였다. 그런데 일꾼이 땅을 파다가 뭔가 삽에 걸렸다. 땅속에 묻혀 있던 것을 자세히 살펴보니 그가 찾은 것은 자신의 모든 소유보다 훨씬 더 가치가 있었다.

일꾼이 찾은 보화를 자기 것으로 만들기 위해서는 상당한 비용이 필요했을 것이다. 아마 모든 것을 다 팔아야 했을 것이다. 밭에 서서 머릿속으로 계산해 보니 보화를 손에 넣으려면 필요하다면 무슨 일이든 다 하고 무엇이든 다 포기해야 할 것 같았다. 밭에 숨겨진 보화를 얻으려면 밭을 사야 했다. 그래서 그는 더 소중한 것을 사기 위해 덜 소중한 것(자신의 모든 소유)을 팔았다.

이 첫 번째 비유에 나오는 일꾼은 열심히 보화를 찾아다닌 것이 아니라 우연히 발견했다. 두 번째 비유에 나오는 부자 상인은 평생 값진 진주를 찾아다녔다. 그러던 어느 날, 시장에서 그 진주를 발견했다. 일평생 찾아 헤맸지만 찾지 못할 수도 있다고 여겼던 그런 진주였다. 이 진주는 그의 모든 소유를 다 합친 것보다, 그와 그의 가족을 먹여 살리는 진주 사업 전체보다 더 가치 있었다. 진주 상인은 이 값진 진주를 얻기 위해 큰 대가를 치러야 할 것이다. 자신의 모든 것을 걸어야 할지도 몰랐다. 하지만 이 진주는 그만한 가치가 있었기에 그는 집에 가서 자기 소유를 다 팔아 진주를 샀다. 더 소중한 것을 사기 위해 덜 소중한 것을 팔았다.

밭에서 일하는 사람과 진주 상인이 판 재산의 실제 금액은 많이 달랐을 것이다. 하지만 어떤 의미에서 두 사람이 치른 비용은 같았다. 두 사람 모두 **다** 팔아 **다** 투자했다.

애당초 가진 게 별로 없었던 일꾼이 자신의 모든 소유를 팔기 시작했을 때 어땠을까? 연장이 없으면 생계를 유지할 수 없었지만 내다 팔았다. 노새는 유일한 이동 수단이었지만 그것마저 팔았다. 보화를 보지 못한 주변 사람들은 밑지는 장사라고 여겼다.

진주 상인이 그동안 모아 둔 진주를 팔기 시작했을 때는 또 어땠을까? 그는 전 세계를 돌아다니며 진주를 모았다. 그러던 그가 큰 집과 좋은 옷가지들을 팔았다. 사람들은 궁금해했을 것이다. "어떻게 먹고살려고? 진주를 먹을 수는 없잖아! 살 집은 또 어쩌고? 진주 속에서 추위를 피할 수는 없잖은가!" 그의 소유가 팔려 나가는 동안 주변에 어슬렁거리던 사람들은 그가 현금화한 재산을 손해로만 여겼다. 그가 손에 넣은 것, 그 모든 손실을 보상할 만큼 가치 있는 것은 보지 못했다.

당연히 예수님은 이 두 비유를 통해 우리에게 가르침을 주신다. 그분의 주장은 무엇인가?

다른 모든 소유를 다 팔 만큼 가치 있는 보화는 무엇인가? 예수님이시다.

다른 모든 소유를 다 팔 만큼 값진 진주는 무엇인가? 예수님이시다.

그분을 얻기 위해 무엇을 버리고 포기해야 하든, 그분은 그럴 가치가 있다. 지금도 그렇고, 영원히 그럴 가치가 있는 분이다. 슬픈 젊은 관원이 그것을 알았더라면 얼마나 좋았을까. 우리에게도 이 깨달음이 얼마나 필요한지 모른다. 이 깨달음이 우리에게 더 피부로 다가올수록, 예수님의 진정한 가치를 더 많이 인식하고 그분을 소유하기 위해 무엇을 포기해야 하든 더 기쁘게 포기할 것이다.

즐거이 모든 것을 받으려는 기대감

여기서 우리 이목을 집중시키는 것이 바로 밭에서 일하는 사람이 막대한 비용을 지급하면서 느끼는 기쁨이다. 예수님은 "[그가] **기뻐하며** 돌아가서 자기의 소유를 다 팔아"라고 말씀하셨다. 보화를 손에 넣은 후에 기뻐한 것이 아니다. 소유를 다 팔고, 비우고, 보화를 손에 넣고 즐길 것을 기대하기 시작할 때부터 기뻐한다. 상을 얻기 위해 자기 소유를 비우는 행위 자체에 큰 기쁨이 있는 듯하다.

이 이야기는 예수님이 그렇게 가치 있고 아름다운 분이라서 당신 인생에 그분을 모시기 위해 무엇을 포기하든 엄청난 기쁨이 있다고 말해 주고 있다. 그것은 영원한 기쁨이다.

일꾼은 한때 자신에게 그토록 소중하고 의미 있었던 것들을 포기하면서 어떻게 기쁠 수 있었을까? 진주 상인은 그렇게 많은 아름다운 진주를 어떻게 다 팔 수 있었을까? 그들은 앞으로 얻게 될 것을 기대하면서 기뻐했다.

친구여, 당신과 나도 예수님이 우리 삶에 온전히 임하셔서 우리를 다스리시지 못하게 막는 것들, 우리가 사랑하고 즐기는 것들을 포기할 때 그런 기쁨을 경험할 수 있다. 예수님과 동일시하거나 예수님을 전하거나 섬기기 위해 어떤 대가를 치르더라도 그 가운데서 크게 기뻐할 수 있는 것은 우리가 얻을 모든 것을 기대하기 때문이다.

때로 이 땅에서는 우리 눈에 대가만 보이기도 한다. 젊은 부자 관원이 슬퍼하며 떠나가는 모습을 지켜본 제자들도 마음속으로 그런 부담을 느끼고 있었다.

> 베드로가 여짜와 이르되 보소서 우리가 모든 것을 버리고 주를 따랐나이다(막 10:28).

때로는 우리가 예수님을 따르기 위해 포기한 것이, 그분께 충성하거나 그분을 위해 고난받기 위해 비워 낸 것이 정말 그만큼의 가치가 있을지 궁금하기도 하다. 그래서 예수님이 베드로에게 대답하신 말씀에 귀 기울일 필요가 있다.

> 예수께서 이르시되 내가 진실로 너희에게 이르노니 나와 복음을 위하여 집이나 형제나 자매나 어머니나 아버지나 자식이나 전토를 버린 자는 현세에 있어 집과 형제와 자매와 어머니와 자식과 전토를 백 배나 받되 박해를 겸하여 받고 내세에 영생을 받지 못할 자가 없느니

라 그러나 먼저 된 자로서 나중 되고 나중 된 자로서 먼저 될 자가 많으니라(막 10:29-31).

예수님은 그분을 따르는 모든 사람에게 우리가 그분을 위해 포기한 것을 절대 후회하지 않게 되리라고 확인해 주신다. 우리는 기뻐하며 모든 것을 다 내려놓을 수 있다. 언젠가 우리 것이 될 것을 확신하는 데서 비롯된 기쁨이다.

이렇게 기뻐하면서 기대할 수 있으려면, 우리가 미래에 어떤 약속을 받았는지를 주기적으로 일깨워야 한다. 우리 앞에 있는 것을 즐겨야 한다. 우리를 기다리는 보화에 대해 말씀하는 성경 말씀으로 인해 우리 안에 기대감에 찬 기쁨이 가득해야 한다. 그래서 다음과 같은 말씀을 읽고 생각하고 묵상한다.

나로 말미암아 너희를 욕하고 박해하고 거짓으로 너희를 거슬러 모든 악한 말을 할 때에는 너희에게 복이 있나니 기뻐하고 즐거워하라 하늘에서 너희의 상이 큼이라 너희 전에 있던 선지자들도 이같이 박해하였느니라(마 5:11-12).

너희를 위하여 보물을 땅에 쌓아 두지 말라 거기는 좀과 동록이 해하며 도둑이 구멍을 뚫고 도둑질하느니라 오직 너희를 위하여 보물을 하늘에 쌓아 두라 거기는 좀이나 동록이 해하지 못하며 도둑이 구멍을 뚫지도 못하고 도둑질도 못하느니라 네 보물 있는 그곳에는 네 마음도 있느니라(마 6:19-21).

현재의 고난은 장차 우리에게 나타날 영광과 비교할 수 없도다(롬 8:18).

하나님이 자기를 사랑하는 자들을 위하여 예비하신 모든 것은 눈으로 보지 못하고 귀로 듣지 못하고 사람의 마음으로 생각하지도 못하였다(고전 2:9).

이제 후로는 나를 위하여 의의 면류관이 예비되었으므로 주 곧 의로우신 재판장이 그날에 내게 주실 것이며 내게만 아니라 주의 나타나심을 사모하는 모든 자에게도니라(딤후 4:8).

그리하면 목자장이 나타나실 때에 시들지 아니하는 영광의 관을 얻으리라(벧전 5:4).

예수를 너희가 보지 못하였으나 사랑하는도다 이제도 보지 못하나 믿고 말할 수 없는 영광스러운 즐거움으로 기뻐하니 믿음의 결국 곧 영혼의 구원을 받음이라(벧전 1:8-9).

모든 은혜의 하나님 곧 그리스도 안에서 너희를 부르사 자기의 영원한 영광에 들어가게 하신 이가 잠깐 고난을 당한 너희를 친히 온전하게 하시며 굳건하게 하시며 강하게 하시며 터를 견고하게 하시리라 (벧전 5:10).

천국에서 우리를 기다리는 보화에 마음과 생각을 고정하면 이생의 것들을 기쁘게 내려놓을 수 있다는 것을 어떻게 알 수 있는가? 바로 그렇게 해서 예수님이 모든 것을 주실 수 있었기 때문이다. 히브리서 12장은 말한다. "그는 그 앞에 있는 기쁨을 위하여 십자가를 참으사 부끄러움을 개의치 아니하시더니 하나님 보좌 우편에 앉으셨느니라"(12:2). 예수님은 다 주셨다. 우리를 그분의 귀한 소유로 삼으시려고 그분의 생명을 내려놓는 가장 큰 대가를 치르셨다. 예수님이 기꺼이 그렇게 다 주실 수 있었던 이유는 그분 앞에 있는 것(구속, 부활, 회복, 재회, 보상)을 기대하셨기 때문이다. 그리고 우리가 믿음으로 예수님과 하나가 되면, 그분을 더 온전히 누리기 위해서 우리에게 기쁨을 주리라고 어리석게 생각했던 것들을 기꺼이 포기할 수 있게 된다.

언젠가 당신과 나는 이 세상의 눈에는 숨겨진 보화를 우리 두 눈으로 보게 될 것이다. 언젠가 우리는 값진 진주, 곧 예수 그리스도의 임재 가운데 들어갈 것이다. 지금은 믿음으로 붙들고 있는 것, 곧 그리스도를 붙들기 위해 이생에서 우리가 포기한 모든 것이 그만한 가치가 있다는 것을 현실로 경험할 것이다. 손해는 이득이 될 것이다.

당신이 알고 사랑하는 사람 중에 당신보다 앞서간 이들이 있을지도 모르겠다. 그들은 믿음을 눈으로 보게 되었다. 그들은 예수님을 소유하기 위해 모든 것을 포기하는 지혜에 대해 뭐라고 말해 주고 싶어 할 것 같은가? 이렇게 말해 주고 싶어 하지 않았을까.

"세상 사람들이 가치와 행복을 가져다준다고 말하는 것에 귀 기울이지 마세요!"

그들은 무엇이 영원까지 가치와 행복을 주는지 이제 확실히 볼 수 있다.

그들은 이렇게 말할 것이다.

"믿음의 눈으로, 극히 값진 진주 하나, 곧 예수 그리스도에 담긴 아름다움과 가치를 보세요. 그리고 그분을 소유하기 위해 포기해야 하는 모든 것을 기뻐하며 내려놓으세요. 손해 보는 거래 같지만, 절대 어리석은 거래는 아닐 겁니다. 당신이 잃어버린 모든 것은 큰 이익으로 돌아올 겁니다."

사실, 사도 바울도 이런 거래를 환영했다. "그러나 무엇이든지 내게 유익하던 것을 내가 그리스도를 위하여 다 해로 여길뿐더러 또한 모든 것을 해로 여김은 내 주 그리스도 예수를 아는 지식이 가장 고상하기 때문이라 내가 그를 위하여 모든 것을 잃어버리고 배설물로 여김은 그리스도를 얻고"(빌 3:7-8).

우리가 예수님의 가치를 확실히 알아보고 그분을 소유하는 데 필요한 대가를 기꺼이 치렀다고 말할 수 있기를 바라는 사람도 있겠지만, 우리가 살면서 투자한 것들을 보면 우리가 정말로 어디에 가치를 두는지 알 수 있다. 우리에게는 19세기 스코틀랜드의 설교자 토머스 찰머스(Thomas Chalmers)가 그의 설교에서 "세상 사랑을 몰아내는 새 애정의 힘"이라고 말한 것이 필요하다. 그는 이렇게 말했다. "예수 그리스도의 복음 그 자체가 몰아내는 힘이 있다. 덜 소중한 보물들을 방출한다. 예수님만이 채우실 수 있는 새로운 취향, 새로운 애정, 새로운 감각, 새로운 입맛, 새로운 갈망을 마음속에 불러일으킨다. 그리스도 안에 있는 그 갈망과 기쁨이 모든 경쟁 상대를 밀어낸다."[22]

예수님은 보화를 발견한 사람의 마음속에 이런 일이 생긴다고 말씀하신다. 보화가 그 사람의 마음을 사로잡아서 다른 어느 것도 그만큼 중요해지지 않는다. 그는 기뻐하며 모든 것을 다 포기한다. 새로운 애정이 그의 마음을 지배하고, 그의 삶의 중심이었던 다른 모든 것을 몰아낸다. 복음의 좋은 소식은, 우리가 세상에서 가치 있다고 하는 것(명성, 기회, 부, 권력, 매력)을 다 잃고도 그분만 있으면 영원한 행복을 가져다줄 것을 다 소유할 수 있다는 것이다.

하나님이 우리에게 비움의 은혜를 허락하셔서 우리 삶에서 가장 좋은 일을 하셨음을 볼 수 있는 날이 올 것이다. 한때는 우리에게 너무 소중하고 중요했던 것을 내려놓게 하시고, 그 과정에서 기쁨으로 우리를 채우셨다. 지금은 기대하는 기쁨. 그분의 임재 가운데 거하는 영원한 기쁨.

주께서 생명의 길을 내게 보이시리니 주의 앞에는 충만한 기쁨이 있고 주의 오른쪽에는 영원한 즐거움이 있나이다(시 16:11).

찰나의 즐거움을 대신할 영원한 즐거움. 당신 삶의 공허함 가운데 스며든 충만한 기쁨이다.

God Does
His Best Work
with Empty

[나가는 글]

공허함을 채워 주시기를 구하는 기도

이 책에서 우리는 하나님의 사람들이 겪은 엄청난 공허함을 살펴보았다. 광야에서 만족을 모르던 이스라엘 백성의 갈망, 나오미의 쓰디쓴 상실, 므비보셋이 맞닥뜨린 잔인한 환경, 우물가 여인의 채워지지 않는 갈증, 코헬렛이 경험한 헛됨, 그리고 마지막으로 밭에서 일하는 사람과 진주 상인의 거래까지. 그리고 그 과정에서 하나님이 공허함 가운데 가장 좋은 일을 하신다는 사실을 독자들이 나와 함께 확신하게 되었기를 바란다.

그러면 그 사실이 이제 우리에게 의미하는 바는 무엇인가? 나는 그 확신이 우리를 기도의 자리로 인도한다고 믿는다. 그저 자신의 공허함을 채우려고 하나님을 이용하는 대신, 우리는 기도해야 한다. 그분만이 하실 수 있는 방식으로 우리의 공허함을 채워 달라고 하나님께 간구해야 한다. 물론, 우리가 기도의 의제를 정한다면 자신이 생각하는 최선의 방식으로 공허함을 채워 달라고 요청할 공산이 크다. 그러니 그 대신 성경에 우리 기도를 맞추어야 할 것이다. 성경은 기도할 내용을 보여 주고, 하나님 아버지가 기뻐 응답하실 만한 기도를 할 수 있게 인도해 준다.

바울의 기도

우선, 바울의 기도를 살펴보자. 그는 이 기도에서 자신이 구하는 것을 채워 달라고 하나님께 간구하고 있다. 그의 기도는 우리가 삶의 공허함을 놓고 하나님께 기도하려 할 때 일종의 가이드가 될 수 있다. 바울은 이렇게 기도한다.

이러므로 내가 하늘과 땅에 있는 각 족속에게 이름을 주신 아버지 앞에 무릎을 꿇고 비노니 그의 영광의 풍성함을 따라 그의 성령으로 말미암아 너희 속사람을 능력으로 강건하게 하시오며 믿음으로 말미암아 그리스도께서 너희 마음에 계시게 하시옵고 너희가 사랑 가운데서 뿌리가 박히고 터가 굳어져서 능히 모든 성도와 함께 지식에 넘치는 그리스도의 사랑을 알고 그 너비와 길이와 높이와 깊이가 어떠함을 깨달아 하나님의 모든 충만하신 것으로 너희에게 충만하게 하시기를 구하노라(엡 3:14-19).

바울은 기도 앞부분에서 능력을 구한다. 그는 어디서 이 능력이 발휘된다고 기도하는가? "[우리] 속사람"이다. 바울은 우리 내면세계, 곧 사고와 정서 생활에서 능력이 드러나기를 기도하고 있다. 그는 왜 우리가 이 능력을 갖추기를 원하는가? "그리스도께서 너희[우리] 마음에 계시게" 하기 위해서다. 바울은 어떤 사물이 아니라 어떤 존재가 우리 삶의 빈 곳으로 들어오기를 원한다. 그리스도가 우리 마음을 집으로 삼으시길 원하는 것이다. 바울은 그리스도가 그저 우리 삶에 거주하실 뿐 아니라, 우리 마음을 그분의 성품, 선호, 실재, 거룩함, 온전함을 반영하는 집으로 변화시켜 주시기를 기도하고 있다.

요약하자면, 바울이 기도하는 첫 번째는 그리스도가 우리 내면을 그분의 집으로 삼으셔서 우리가 마음속에서 하나님의 능력을 경험하는 것이다. 마치 하나님이 성막 지성소를 그분의 집으로 삼으셨던 것처럼 말이다. 그다음에 바울은 계속해서 간구하는데, 우리가 우리를 향한 그리스도의 사랑을 온전히 이해하는 데 필요한 능력을 얻기를 기도한다. 바울은 우리가 그 사랑을 머리로만 알기를 원하지 않고, 그 사랑을 경험하기를, 그 사랑이 우리에게 실제가 되기를 기도한다. 그는 우리가 그 사랑에 압도되고 감격하기를 바라는 것 같다.

그가 기도하고 있는 사람들은 하나님이 그들을 사랑하신다는 사실을 이미 안다. 그러니 바울이 단순한 지식 이상을 구하고 있다는 점은 확실하다. 그는 그들을 향한 하나님의 사랑의 크기와 너비와 광대함과 넉넉함이 그들 내면의 공허함, 외로움이 맴돌고 의심이 가득하며 절망이 숨어 있는 그 빈 곳을 채워 주시기를 기도하고 있다. 바울은 그들과 우리가 특별한 목적을 위해 그리스도 안에 있는 하나님의 사랑을 느끼고 알기를 바란다. 그렇게 해서 "하나님의 모든 충만하신 것으로 너희에게 충만하게 하시기를" 구한다(엡 3:19).

"속사람"을 채우시는 "하나님의 모든 충만하신 것"이야말로 우리의 공허함에 대한 궁극적인 해답이다.

하나님은 거룩하시다. 바울은 하나님의 거룩하심이 우리 삶을 채우셔서 죄에 대한 사랑을 몰아내시기를 기도한다.

하나님은 사랑이시다. 바울은 하나님의 사랑이 우리 삶을 채우셔서 힘든 일이 생길 때 쉽게 그 사랑을 의심하지 않기를 기도한다.

하나님은 선하시다. 바울은 하나님의 선하심이 우리 삶을 채우셔서 나쁜 소식, 나쁜 사람, 나쁜 대우에도 우리가 본능적으로 선하게 대응하기를 기도한다. 하나님처럼, 하나님이 주신 힘으로 말이다.

나의 기도

바울처럼 나도 그리스도가 당신 내면에 거주하시도록 맞아들이는 데 필요한 능력으로 당신의 속사람이 강건해지기를 기도한다. 바울처럼 나도 당신이 그리스도가 당신에게 필요한 변화를 일으키시게 하기를 기도한다. 바울처럼 나도 아침마다, 낮마다, 밤마다 당신을 향한 하나님의 사랑이 크게 다가오기를 기도한다. 당신의 두려움보다 더 크게, 의심보다 더 크게, 실망보다 더 크게 다가오기를.

하나님이 당신 삶의 공허함 가운데 가장 좋은 일을 하시기를 기도한다. 하나님이 식량을 공급하시고 돌아갈 땅을 주시겠다는 약속을 신뢰하기보다 애굽의 종살이로 돌아가자고 유혹하는 열망에 휩싸여 이스라엘 자손이 광야에서 40년 세월을 보내는 동안 그들 삶에서 그러하셨듯이 말이다. 일평생 검증되지 않고 효력 없는 믿음으로 살기보다 하나님이 당신에게 진정한 믿음을 살아 낼 기회를 주시기를 기도한다. 하나님이 당신의 욕구를 다시 길들여 주셔서 세상이 주려는 것들과 당신이 간절히 원하지만 결국에는 당신을 망칠 것들을 멀리하고, 광야 같은 이 세상을 살아가는 동안 당신에게 만족과 힘을 줄 음식을 가까이할 수 있기를 기도한다. 지금도 하나님이 그분의 풍성하신 공급으로 당신 인생을 채워 주시기를 기도한다.

하나님이 당신 삶의 공허함 가운데 가장 좋은 일을 하시기를 기도한다. 과거에 하나님의 임재가 성막 지성소를 가득 채우셨던 것처럼 하나님이 성령님으로 당신을 채우시기를 기도한다. 그러면 당신은 더는 멀찍이서 그분과 대화하지 않아도 된다. 하나님이 당신을 그분과 같이 거룩하게 하셔서 당신이 그분의 임재 가운데 살아갈 수 있기를 기도한다. 하나님이 당신과 함께하시고 당신 안에 계셔서 당신이 절대 혼자가 아님을 당신이 알고 느끼기를 기도한다.

하나님이 나오미의 삶에서 그러셨듯이 당신 삶의 공허함 가운데 가장 좋은 일을 하시기를 기도한다. 당신의 공허함은 그분 손이 당신을 떠나셨다는 증거가 아니라, 그분께 돌아오라는 초청임을 알길 원한다. 당신이 구세주의 발아래 누워 그분이 당신을 덮으시고 공급하시고 구원해 주시기를 간구하고, 그분의 구원하고 살리시는 은혜가 당신 삶을 가득 채우시기를 기도한다.

하나님이 므비보셋의 삶에서 그러셨듯이 당신 삶의 공허함 가운데 가장 좋은 일을 하시기를 기도한다. 하나님이 어떻게 당신을 찾으셔서 그분께 데려오시는지를 볼 수 있기를 기도한다. 하나님은 잔인한 환경이 당신에게서 빼앗아 간 것들을 언젠가 당신에게 회복해 주기로 작정하신다. 하나님이 그분의 식탁에 마련한 자리로 당신이 돌아오기를 기도한다. 그분은 날마다, 지금부터 영원까지 당신과 함께하기를 원하신다. 하나님이 그분의 풍성한 자비로 당신 삶을 채워 주셔서 당신도 그 자비를 다른 사람들에게 베풀길 원하기를 기도한다.

하나님이 당신에게 생존에 필요한 물을 가두지 못하는 터진 웅덩이를 벗어나라고 요구하실 때 당신 삶의 공허함 가운데 가장 좋은 일을 하시기를 기도한다. 우물가의 여인처럼, 당신의 기대와 욕구를 능가할 만큼 충분히 강하고 능력 있고 지속적인 사랑으로 사랑하고 사랑받기 위해 당신의 갈증을 해소해 줄 생수를 마시기를 기도한다.

하나님이 코헬렛 전도서에서 묘사한 세상, 곧 뭔가 잘못된 이 세상을 살아가는 데 필요한 관점을 허락하셔서 당신 삶의 공허함 가운데 가장 좋은 일을 하시기를 기도한다. 당신이 성육신한 지혜이신 그리스도와 연합할 때 다음 사실을 깨닫도록 하나님이 도우시기를 기도한다. 해 아래 인생에서 계속되는 실망은 당신 마음이 새 하늘과 새 땅에서 누릴 삶을 향하게 만든다는 사실 말이다. 하나님이 당신 삶을 의미와 목적으로 가득 채우시기를 기도한다.

하나님이 하박국의 삶에서 그러셨듯이 당신 삶의 공허함 가운데 가장 좋은 일을 하시기를 기도한다. 하나님이 미래에 대해 두려워하는 당신을 만나 주시고, 앞으로 닥칠 일을 기다리면서 당신이 부를 노래를 주시기를 기도한다. 하나님이 당신에게, 이생에서 (당신의 목숨을 포함하여) 모든 것을 잃을지라도 그분을 신뢰하는 믿음을 채워 주시기를 기도한다. 하나님이 이 세상을 초월하는 구원의 기쁨으로 당신을 채우시기를 기도한다.

당신이 철저히 항복하는 자세로 최고의 보물이신 그리스도께 나아오는 동안, 그분이 당신 삶 가운데, 당신 삶을 통해 일하셔서 빼앗길 수 없는 하늘의 보물을 얻게 해 주시기를 기도한다. 하나님이 그분과 얼굴을 마주하는 관계라는 보물로 당신의 영원한 미래를 채워 주시기를 기도한다. 그 관계로 인해 당신에게 끝없는 만족과 기쁨이 있을 것이다.

당신이 삶의 모든 과정을 뒤돌아보면서 하나님이 인생의 텅 빈 곳에서, 절망적인 시기에, 힘든 상황에서 가장 좋은 일을 하셨다는 사실을 자꾸자꾸 깨닫는 그날이 오기를 기도한다. 그날에 하나님이 그리스도의 충만하심으로 당신을 채우셨음을 깨닫게 될 것이다.

[참고 자료]

Allen, Michael. "Divine Fullness: A Dogmatic Sketch." *Reformed Faith and Practice* 1, no. 1 (2016): 5-18.

Ash, Christopher. *Teaching Ruth & Esther*. Ross-Shire, Scotland: Christian Focus, 2018.

―――――――――. *Married for God: Making Your Marriage the Best It Can Be*. Wheaton, IL: Crossway, 2016. 『결혼, 그 아름다운 예배』(복있는사람).

Bartholomew, Tuck. "Leadership and Community." 설교, Redeemer Presbyterian Church, New York, NY, November 17, 2002.

Bewes, Richard. "Walking on Air." 설교, All Souls Langham Place, London, June 14, 1998.

Blackham, Paul. *2 Samuel*. Book by Book. Preston, England: Biblical Frameworks, 2017.

Bloom, Jon. "The Treasure Makes All the Difference." DesiringGod.org, June 13, 2014. https://www.desiringgod.org/articles/the-treasure-makes-all-the-difference.

Carson, D. A. *Praying with Paul: A Call to Spiritual Reformation*. Grand Rapids, MI: Baker Academic, 1992, 2014. 『바울의 기도』(복있는사람).

Duguid, Iain. *Esther & Ruth Reformed Expository Commentary*, edited by Richard D. Phillips and Philip Graham Ryken. Phillipsburg, NJ: P&R Publishing, 2005. 『REC 에스더·룻기』(부흥과개혁사).

Eswine, Zack. *Recovering Eden: The Gospel according to Ecclesiastes*. The Gospel according to the Old Testament. Phillipsburg, NJ: P&R Publishing, 2014.

Gibson, David. *Living Life Backward: How Ecclesiastes Teaches Us to Live in Light of the End*. Wheaton, IL: Crossway, 2017.

Guthrie, Nancy. *Even Better than Eden: Nine Ways the Bible's Story Changes*

Everything about Your Story. Wheaton, IL: Crossway, 2018.

_____. *The Lamb of God: Seeing Jesus in Exodus, Leviticus, Numbers and Deuteronomy*. Wheaton, IL: Crossway, 2012.

_____. *The Word of the Lord: Seeing Jesus in the Prophets*. Wheaton, IL: Crossway, 2014.

Helm, David. "Following the King." 설교, Holy Trinity Church, Chicago, IL, July 20, 2013.

Jackman, David. "Trusting." 설교, St. Helen's Bishopsgate, London, November 24, 1996.

Keller, Tim. "The Parable of the Pearl; On Priorities." 설교, Redeemer Presbyterian Church, New York, NY, August 28, 1994.

Kelly, Ryan. "Kindness Received, Kindness Rejected." 설교, Desert Springs Church, November 1, 2015.

Miller, Paul. *A Loving Life: In a World of Broken Relationships*. Wheaton, IL: Crossway, 2014.『사랑하다, 살아가다』(복있는사람).

O'Donnell, Douglas Sean. *Matthew: All Authority in Heaven and on Earth, Preaching the Word*. Wheaton, IL: Crossway, 2013.

Piper, John. "Jesus Came Not to Give Bread but to Be Bread." 설교, Angola Prison, Angola, LA, November 19, 2009.

_____. "The Kingdom of Heaven Is a Treasure." 설교, Bethlehem Baptist Church, Minneapolis, MN, November 20, 2005.

Sach, Andrew. "How Long O Lord?" 설교, St. Helen's Bishopsgate, London, August 2, 2015.

Shiner, Rory. "Chapel Service—Week 10." 설교, Queensland Theological College, Brisbane, Australia, April 30, 2019.

Skrine, Charlie. "Eat Jesus and Live Forever." 설교, St. Helen's Bishopsgate,

London, August 10, 2014.

Shurden, Nate. "Keeping Covenant." 설교, Cornerstone Presbyterian Church, Franklin, TN, June 12, 2016.

Sklar, Jay. "The Lord Is against Me." 설교, Southwood Presbyterian Church, Huntsville, AL, July 9, 2006.

Smith, Colin. "The Just Shall Live by Faith." 설교, The Orchard Evangelical Free Church, Arlington Heights, IL, December 10, 2000.

Taylor, William. "The Gift of Life." 설교, St. Helen's Bishopsgate, London, November 6, 2012.

Tice, Rico. "I Can't Get No Satisfaction." 설교, All Souls Langham Place, London, January 14, 2007.

_____. "Our God Is Marching On." 설교, All Souls Langham Place, London, June 7, 1998.

Tripp, Paul. "David and Mephibosheth: For the Sake of a Friend." 설교, Tenth Presbyterian Church, Philadelphia, PA, December 28, 2008.

Woodhouse, John. *2 Samuel Your Kingdom Come*. Preaching the Word, edited by R. Kent Hughes. Wheaton, IL: Crossway, 2015.

[주]

1) 두 자녀를 잃은 슬픔 가운데서 하나님이 나를 만나 주신 이야기는 다음 책에서 읽을 수 있다. *Holding On to Hope* (Tyndale, 2002), *Hearing Jesus Speak into Your Sorrow* (Tyndale, 2009). 『미루어진 기쁨, 비밀』(사랑플러스).

2) 이전 세 단락은 다음 내 책의 1장 내용을 조금 바꾸어 실었다. *Even Better than Eden: Nine Ways the Bible's Story Changes Everything about Your Story* (Wheaton, IL: Crossway, 2018), 16-17. 출판사의 허락을 받고 사용함.

3) 이스라엘 백성이 자신의 욕구라는 구멍으로 삶을 바라보았다는 개념은 다음 설교에서 가져왔다. Dr. Tuck Bartholomew, "Leadership and Community" given at Redeemer Presbyterian Church, New York, NY, November 17, 2002.

4) 이 부분의 일부는 다음 내 책의 내용을 조금 바꾸어 실었다. *The Lamb of God: Seeing Jesus in Exodus, Leviticus, Numbers, and Deuteronomy* (Wheaton, IL: Crossway, 2012), 224-225. 출판사의 허락을 받고 사용함.

5) Dr. Vivek Murthy, *CBS This Morning*, October 19, 2017.

6) Jason Daley, "The U.K. Now Has a 'Minister for Loneliness.' Here's Why It Matters," Smithsonian, January 19, 2018, https://www.smithsonianmag.com/smart-news/minister-loneliness-appointed-united-kingdom-180967883/.

7) Augustine, *Confessions*, 1.1.1. 『어거스틴의 참회록』(생명의말씀사).

8) Peter Kreeft, *I Burned for Your Peace: Augustine's Confessions Unpacked* (San Francisco: Ignatius Press, 2016), 22.

9) "우주와 그 가운데 있는 만물을 지으신 하나님께서는 천지의 주재시니 손으로 지은 전에 계시지 아니하시고 또 무엇이 부족한 것처럼 사람의 손으로 섬김을 받으시는 것이 아니니 이는 만민에게 생명과 호흡과 만물을 친히 주시는 이심이라"(행 17:24-25).

10) 출 40:38; 대하 7:1; 겔 10:4.

11) David Helm, 제목이 없는 룻기 3장 설교 (Holy Trinity Church, Chicago, IL,

August 24, 2008).

12) 므비보셋이 은혜에서 떨어져서 다시 은혜의 품으로 떨어졌다는 비유는 다음 설교에서 가져왔다. Nate Shurden, "Keeping Covenant," given at Cornerstone Presbyterian Church on June 12, 2016.

13) Rico Tice, "I Can't Get No Satisfaction" (설교, All Souls Langham Place, London, England, January 14, 2007).

14) Nancy Guthrie, *Even Better than Eden: Nine Ways the Bible's Story Changes Everything about Your Story* (Crossway: Wheaton, IL, 2018), 90. 출판사의 허락을 받고 사용함.

15) 다음 책의 내용을 각색했다. David Gibson, *Living Life Backward: How Ecclesiastes Teaches Us to Live in Light of the End* (Wheaton, IL: Crossway, 2018), 28.

16) Nancy Guthrie, *O Love That Will Not Let Me Go: Facing Death with Courageous Confidence in God* (Wheaton, IL: Crossway, 2011).

17) Nancy Guthrie, *The Word of the Lord: Seeing Jesus in the Prophets* (Wheaton, IL: Crossway, 2014), 153. 출판사의 허락을 받고 사용함.

18) Rico Tice, "Habakkuk: Our God Is Marching On" (설교, All Souls Langham Place, London, England, June 7, 1998).

19) Colin Smith, "Faith" (설교, The Orchard Evangelical Free Church, Arlington Heights, IL, December 10, 2000).

20) 같은 출처.

21) Madeline Boardman, "10 of the Most Valuable Antiques Roadshow Finds," *Entertainment Weekly*, January 9, 2017, https://ew.com/tv/antiques-roadshow-most-valuable/.

22) Thomas Chalmers, "The Expulsive Power of a New Affection" (설교).

사명선언문

너희가 흠이 없고 순전하여……세상에서 그들 가운데 빛들로
나타내며 생명의 말씀을 밝혀 _ 빌 2:15-16

1. 생명을 담겠습니다
만드는 책에 주님 주신 생명을 담겠습니다.
그 책으로 복음을 선포하겠습니다.

2. 말씀을 밝히겠습니다
생명의 근본은 말씀입니다.
말씀을 밝혀 성도와 교회의 성장을 돕겠습니다.

3. 빛이 되겠습니다
시대와 영혼의 어두움을 밝혀 주님 앞으로 이끄는
빛이 되는 책을 만들겠습니다.

4. 순전히 행하겠습니다
책을 만들고 전하는 일과 경영하는 일에 부끄러움이 없는
정직함으로 행하겠습니다.

5. 끝까지 전파하겠습니다
모든 사람에게, 땅 끝까지, 주님 오시는 그날까지
복음을 전하는 사명을 다하겠습니다.

서점 안내

광화문점	서울시 종로구 새문안로 69 구세군회관 1층 02)737-2288 / 02)737-4623(F)
강남점	서울시 서초구 신반포로 177 반포쇼핑타운 3동 2층 02)595-1211 / 02)595-3549(F)
구로점	서울시 동작구 시흥대로 602, 3층 302호 02)858-8744 / 02)838-0653(F)
노원점	서울시 노원구 동일로 1366 삼봉빌딩 지하 1층 02)938-7979 / 02)3391-6169(F)
일산점	경기도 고양시 일산서구 중앙로 1391 레이크타운 지하 1층 031)916-8787 / 031)916-8788(F)
의정부점	경기도 의정부시 청사로47번길 12 성산타워 3층 031)845-0600 / 031)852-6930(F)
인터넷서점	www.lifebook.co.kr